DESIGN THINKING CAPSTONE DESIGN

디자인 씽킹을 활용한
캡스톤 디자인
수업의 이해

김진홍 지음

박영사

머리말

4차 산업혁명의 여파에 의해 사회와 기업의 내/외부 환경변화가 급변하고 산업 간 경계가 불분명해짐에 따라, 창의적 아이디어에 기반한 혁신을 통해 당면 문제를 해결하는 창의적인 인재에 대한 요구가 사회 및 기업 등에서 증가하고 있는 상황이다. 이에 따라 세계 각국들은 미래를 예견하는 통찰력과 새로운 것에 과감하게 도전하는 혁신적이고 창의적인 기업가정신이 국가 경제 발전의 새로운 원동력임을 자각하기 시작했고, 미국 등의 여러 국가에서는 세금 지원과 다양한 교육프로그램 개발 및 운영 등을 통해 기업가정신 제고와 창의적 인재 양성에 정책적 지원을 아끼지 않고 있다.

본서의 목적은 국내 대다수 대학의 캡스톤 디자인 관련 교과과정에서 캡스톤 디자인의 일반적인 이론과 수행과정만을 교육하는 문제점을 보완하기 위해, 디자인 씽킹의 개념과 실행과정을 캡스톤 디자인 교육과정에 도입하여, 캡스톤 디자인 교육 수강자들의 이해도를 높이는 데 있다. 따라서 본서는 기업가정신의 개념과 디자인 씽킹 및 캡스톤 디자인의 개념과 수행방법, 그리고 창의적인 아이디어 발상과 관련된 이론 및 사업화 과정을 소개하는 내용으로 구성하여 교육현장에서의 활용도를 높이고자 하였다.

제1장은 기업가정신의 개요와 확장에 따른 창의적 사고의 필요성을 설명하였고, 제2장은 디자인 씽킹의 개념과 디자인 경영의 필요성 및 수행방법 등을 소개하고 있으며, 제3장은 캡스톤 디자인의 목적과 운영방식 및 수행방법 등을 소개하고 있다.

제4장은 디자인 씽킹의 캡스톤 디자인 적용 및 캡스톤 디자인 프로세스를 설명하였고, 제5장은 사업화를 위한 사업타당성 분석 및 사업계획서 작성에 대한 서술로 구성되어 있으며, 제6장은 사업 실행을 위한 전제조건으로서의 지식재산권에 대해 설명하였다.

제7장은 캡스톤 디자인 수업 진행 내용 및 교과목 운영안에 대한 예시를 설명하고 있으며, 제8장은 디자인 씽킹을 적용하여 성공한 혁신 사례를 소개하는 내용으로 구성되었다.

기 서술한 바와 같이 본서의 목적이 디자인 씽킹과 캡스톤 디자인의 결합을 통한 캡스톤 디자인 교과과정 수강자들의 이해도를 높이는 데 있으므로, 교육현장에서 실행과제 도출을 통한 실제적인 수행 과정의 지침서로서 본서가 유용하게 활용되기를 기대하고, 본서를 통해 창업과 창의적 아이디어 발현의 중요성에 대한 관심과 이해도가 증가하기를 소망한다.

더불어 본서의 출간을 위해 관심과 노고를 아끼지 않은 박영사 관계자분들께 진심으로 감사의 말씀을 드린다.

2022년 2월

저자 **김진홍**

차례

PART 1 기업가정신과 창업

CHAPTER 1 기업가정신 개요

1.1 기업가정신의 의의

　기업가정신(Entrepreneurship)의 개념을 최초로 언급한 사람은 18C 프랑스 경제학자 리샤르 캉티용(Richard Cantillon, 1680~1734)으로, 그의 저서 『일반 상업의 본질에 대한 소고』에서 기업가(Entrepreneur)를 최종생산물 가격이 아직 불확실할 때 노동력과 원자재를 도입하는 위험을 부담하는 사람으로 정의함으로써, 비로소 기업가정신의 개념이 일반화되어 사용되기 시작했다.

　시대환경의 변화에 따라 현대적 개념의 기업가정신은 '현실적인 자원의 제약과 위험에도 불구하고 모험정신을 발휘하여, 창업과 성장, 신사업과 신 시장을 고도화하는 기업가의 의지'로 정의할 수 있다. 또한 기업가정신의 발전 단계도 혁신능력의 발전 단계 측면에서 설명이 가능하여 현대적 개념의 기업가를 '원료와 반제품의 새로운 공급원을 발굴하고 새로운 생산방식을 도입하여 새로운 상품을 개발하며, 새로운 시장을 개척하여 독점적 지위를 형성하거나 새로운 산업조직을 수행함으로써, 기술혁신의 기회를 발견하고 혁신을 실천하는 사람'으로 정의할 수 있다.

1.2 기업가정신의 확장

　기업가정신의 개념이 등장한 초기에는 기업가의 특성과 행동에 초점을 맞춘 연구가 지배적이었으며, 위험을 감수하는 사람을 의미하는 기업가 (Entrepreneur)의 개념도 사업체를 설립하고 새로운 사업을 진행하며 경영하여 이익을 창출하는 일련의 과정에 국한된 사람으로 한정하여 해석하였으나, 현대에서는 창업 또는 새로운 조직의 설립 등에서 확대되어 '기회를 포착하고 그 기회를 활용하여 가치를 창출함으로써 보다 더 나은 삶을 잘 살아가기 위한 기술'(Life skill, 미국 Babson College)로까지 그 의미가 확대되어 사용되고 있다. 즉 기업가정신이란 '우리의 삶을 더욱 풍요롭게 만들기 위해 혁신과 창의성을 바탕으로 불확실성을 극복하고 성공하려는 도전정신'으로 정의할 수 있다. 이에 따라 현대적 의미의 기업가정신은 우리 삶의 모든 영역으로 확대되어, '시험'과 '취업' 및 '길 찾기'와 '창업' 등 실패에 대한 부담감이 존재하는 모든 불확실성 영역에서 요구되는 필수조건으로 인식되고 있다.

1.3 불확실성과 기업가정신

불확실성은 인간의 삶 모든 영역에 존재하는 예측 불가능의 영역으로 창업을 포함한 모든 도전 속에 존재하고, 불확실성의 개념에는 도전을 선택함으로써 감수해야 하는 실패에 따른 손실과 성공에 따른 보상이 함께 내재되어 있다. 사람은 삶을 살면서 수많은 선택을 하고, 그 선택의 결과에 따라 다양한 희·노·애·락의 감정변화를 겪으면서 살아간다. 그래서 자신의 선택이 초래할 결과와 상황에 대한 부담감을 가지게 되고, 부담감에서 벗어나기 위해 선택을 포기하거나 회피하려는 경향을 나타낸다. 따라서 선택을 위한 결정에 있어서 심리적으로 실패를 두려워하고 부담감을 갖는 것은 당연한 것이다. 또한 낯선 길을 찾아가야 하는 상황, 취업을 위한 면접, 창업, 시험 등 다양한 상황과 영역에서 불확실성은 항상 존재한다. 따라서 어떤 자세와 태도로 불확실성을 맞이하고 대응하느냐에 따라 삶의 모습 또한 변화한다고 할 수 있으며, 불확실성의 극복을 전제로 하는 기업가정신은 인간의 삶을 풍요롭게 만드는 중요한 힘의 원천이라고 할 수 있다.

〈표 1-1〉 기업가정신과 불확실성

불확실성 내재요인		기업가정신		풍요롭고 더 나은 삶
· 성공과 실패 · 불안정, 미확정, 변화	⇨	· 불확실성 극복을 전제 · 도전정신, 극복/개선의지	⇨	

1.4 정주영의 '해봤어? 정신'

현대그룹 창업주 정주영 회장과 관련된 다양한 일화는 불확실성을 극복하는 기업가정신이 무엇인가를 보여주는 대표적인 사례라고 할 수 있다. 특히 '해봤어?'로 대표되는 도전정신과, "중동에는 비가 오지 않아서 1년 내내 공사할 수 있어 공기를 단축할 수 있고, 공사에 필요한 모래가 지천에 깔려 있으며, 낮에는 자고 저녁에 공사하면 되고, 유조선을 만들어 빈 배 가득 물을 실어 나르고 올 땐 석유를 넣어서 오면 된다."는 어록에서 확인할 수 있는 긍정적인 사고방식, 그리고 폐 유조선을 이용한 물막이 공사 등에서 발현되었던 창의적 아이디어는 정주영의 '해봤어 정신'의 대표적인 콘텐츠라고 할 수 있다. 따라서 정주영의 '해봤어 정신'의 특징은 ① 현장 지향적 경영, ② 시장 변경을 통한 위기의 기회 전환, ③ 매사에 최선의 노력을 다하는 열정, ④ 비관적 상황을 불식하는 긍정적 사고방식, ⑤ 강한 도전정신과 실행력으로 정리할 수 있으며, '해봤어 정신' 기반의 일반적인 사고와 발상을 뛰어 넘는 창의적 발상과 무모할 만큼 도전적인 경영사례를 통해 오늘날의 현대그룹이 탄생할 수 있었다.

① 현장 지향적 경영 – 현대건설의 3·1운동으로 회자되었던 단양 시멘트 공장 건설 당시 착공에서 준공까지의 24개월 기간 동안 매주 일요일 청량리역에서 중앙선 야간열차를 타고 현장 방문

② 시장 변경을 통한 위기의 기회 전환 – 1973년 1차 석유 파동으로 인한 급격한 불황과 인플레 상황에서 중동지역으로 진출하여 1975년 바레인 아랍수리조선소 건설공사와 1976년 사우디아라비아 쥬베일 산업항 공사 및 사우디아라비아 해군 해상기지 항만공사 등을 수주하여 18억 달러 이상의 대형공사를 동시에 추진

③ 매사에 최선의 노력을 다하는 열정 – 1981년 올림픽 유치위원장 자격으로 소외된 중동과 아프리카 IOC 위원들을 공략하여, 개발도상국가이며 남북 대치 상황이라는 부정적 이미지로 인해 일본 나고야로 기울어진 올림픽 개최지 선정을 표결 52대 27의 결과로 서울 유치

④ 비관적 상황을 불식하는 긍정적 사고방식 – 1973년 포드자동차와의 합작회사 설립인가 취소 후, 낮은 기술수준과 열악한 부품공급체계 하에서 독자 개발을 결정하고 일본 미쓰비시와의 기술협조 계약, 이탈리아 디자인회사와의 디자인모델 계약, 영국 BLMC(British Leyland Motor Corp. Ltd)와의 주요 부품제작기술 계약을 통해 1976년 현대자동차 고유모델 포니(PONY) 출시

⑤ 강한 도전정신과 실행력 – 332미터 길이의 폐 유조선을 이용한 서산 천수만 방조제 물막이 공사, 무게 550톤 높이 36미터의 대형 파이프 '자켓' 철 구조물 울산조선소 제작 후 중동 걸프만 대양 수송, 외화 대출을 통한 현대 미포조선소 건설 등 다른 사람들이 불가능하다고 반대하거나 포기하는 사업에 도전하여 성공

〈표 1-2〉 정주영의 '해봤어 정신' 사례

사례	일반 여론	정주영
(1952년 12월) 유엔군 전사자묘역 잔디 이식 공사	겨울에 잔디를 구할 수 없어서 이식공사가 어려움	청보리 싹 이식
(1965년) 국내기업 최초 해외 건설시장 진출	기술과 경험 및 자본 등의 부족으로 해외시장개척은 상상조차 하지 않음	(1965년) 태국 고속도로 건설공사 (1966년) 베트남 캄란만 메콩강 준설공사
(1972년) 미포조선소 건설	기술과 자본이 부족하여 조선소 건설이 어려움	미포만 항공사진, 외국에서 빌린 26만 톤급 유조선 설계도면 500원 지폐 → 영국금융기관 대출
(1984년) 서산A지구 아산만방조제 공사	초속 8m의 조류 유속에 따른 최종 물막이 공사 난항	폐 유조선(23만 톤, 332미터)으로 물막이 성공(정주영 공법)
(1985년) 주베일 항만공사	현대건설 모든 임직원들의 반대	10층 높이 빌딩 규모(높이 375m, 무게 4만 톤) 철 구조물, 울산→주베일 대양운송 및 설치
(2004년) 세계 최초 도크 없이 선박 제조/진수	일본 가와사키, 미쓰비시 전문가 – 선박건조의 필수 조건 – 도크 건설	육상조립(육상건조공법)

〈그림 1-1〉 정주영의 기업가정신

※ 출처 - 현대중공업 광고 포스터(2017)

1.5 4차 산업혁명과 파급효과

4차 산업혁명은 인공지능, 빅 데이터 등 디지털 기술로 촉발되는 초연결 기반의 지능화 혁명이라고 할 수 있다. 2016년 세계경제포럼(WEF)의 정의에 의하면, 4차 산업혁명 시대는 인공지능, 기계학습, 로봇공학, 나노기술, 3D 프린팅, 유전학과 생명공학기술 등이 상호융합과 통합을 통해 발전해 나가는 시대를 의미한다. 또한 4차 산업혁명의 영향에 따라 과거에 경험하지 못한 3D 프린터, 무인자동차, 인공지능 등의 혁신적인 기술변화가 전 산업분야에서 발생하는 기술혁신의 시대가 도래하였다. 인공지능(AI) 기반의 지능정보 혁명은 과거에 경험하지 못한 혁신적인 기술변화를 발생시킴으로서 전방위적인 기술혁신의 시대가 도래하였고, 무인 전기자동차, 드론, 3D 프린터, 신소재, 로봇, 유전자 분석 등의 다양한 산업 분야에서 새로운 시장이 만들어지는 환경 변화가 진행되고 있다. 이에 따라 자율주행 기반의 자율주행자동차 제조업체 등장과 자율주행 관련 보험 및 여행서비스 출시가 예상되고, AI 기반의 소비자 수요 맞춤형 제조가 예상되며, 재해지역 및 극한 환경 등에서 자율적으로 행동하는 자율형 안전보장 로봇의 활용이 일상화될 것이다. 또한 AI 기반의 핀테크가 상시화되어 주식과 투자상품에 대한 상담과 정보제공 등의 지원이 제공될 것이고, 바이탈 데이터와 유전자 정보를 활용한 환자 건강관리 및 의료진에 제공하는 지적·의료적 서비스도 등장할 것이며, 학생 개인별 맞춤형 스마트 교육과 농작물별 맞춤형 스마트 농업도 등장할 것으로 예상된다.

또한 이러한 변화에 따라 데이터가 경쟁의 원천이 되어 플랫폼 중심의 경쟁이 가속화될 것이고, 단순 반복적인 업무가 자동화됨으로써 창의적이고 감성적인 업무가치가 상승할 것이며, 환경오염과 교통체증 등을 해소하는 스마트 시티와 자율주행자동차 및 스마트 교통 시스템의 적용 등이 현실화될 것으로 전망된다.

〈표 1–3〉 산업혁명의 분류

구분	기술	산업	사회
1차 산업혁명 (18세기 후반)	증기기관	기계화(경공업)	산업사회(분업화)
2차 산업혁명 (20세기 초반)	전기	산업화(중공업)	산업사회 고도화 (노동부문 연결성 강화 – 대량생산)
3차 산업혁명 (20세기 후반)	컴퓨터	정보화(서비스업)	정보화 사회(사람과 환경, 기계 간의 연결성 강화)
4차 산업혁명 (21세기)	인공지능(AI) 등 지능화 기술	지능화(IT산업)	지식 정보화 사회(자동화 및 산업 간 연결성 극대화)

〈표 1–4〉 4차 산업혁명 대표기술

대표기술	기술 내용	구현 사례
사물인터넷 (IoT; Internet of Things)	사물에 센서와 프로세서를 장착하여 정보를 수집하고 제어·관리할 수 있도록 인터넷으로 연결된 시스템	· 가스경보기: 가스누출 탐지 · 환경/공조 센서: 실내 온도 및 공기정화 정도 측정/조절 · 조명/보안/모션 센서: 절전, 보안, 사람 움직임 감지 등
로봇공학(Robotics)	로봇의 설계와 제조 및 응용에 관한 기술학 또는 공학	· 안내/배달/소방/생산 로봇 등
빅데이터(Big Data)	데이터로부터의 정보 추출과 결과 분석을 통해 새로운 가치창출이	· 서울시 심야버스 노선 · 알파고 딥러닝(Deep Learning)

	가능한 복잡하고 다양한 정형·비정형의 대규모 데이터	
3D 프린팅	프린터로 2차원적 평면 문자 또는 그림의 인쇄가 아닌 3차원적 입체도형을 찍어내는 기술	· 인공장기 생산 · 3D 프린팅 주택 · 3D 프린팅 자동차
인공지능(AI)	인간이 가진 사고나 학습 등의 지적 능력을 컴퓨터를 통해 구현하는 기술	· 자율주행자동차 · 인공지능 닥터 왓슨 · 인공지능 비서 시리/알렉사

1.5.1 오프라인 시장의 몰락과 온라인 시장 확대

사물인터넷(IoT)과 3D 프린터, 무인자율 자동차와 인공지능(AI) 등의 혁신적인 기술 변화가 전 산업 분야에 영향을 미침에 따라, 오프라인 매장이 감소하고 모바일 기반의 온라인 시장이 확대되고 있다. 매장을 방문하지 않고도 충분히 제품 정보를 취득할 수 있고, 다른 매장 상품과의 비교 및 반품·취소가 용이해짐에 따라 온라인 시장규모는 지속적으로 확대될 것이다. 또한 온라인 시장 내 경쟁 강도가 증가함에 따라 가격과 브랜드, 상품 구색 및 인지도 등에 따른 차별화가 기업의 생존을 좌우하는 요인으로 대두될 것이다. 따라서 향후 시장점유율은 높은 브랜드 인지도와 경쟁력 있는 가격 등으로 경쟁 우위를 점하고 있는 선두기업 중심으로 변화할 것이고, 아이디어와 제품 및 서비스에서의 변별력을 갖추지 못한 후발기업의 입지는 더욱 좁아질 것이며, 온라인 시장의 확장과 함께 오프라인 시장의 몰락은 가속화될 것이다. 그리고 이러한 변화에 따라 소비자들의 구매패턴도 생필품 등 저관여 상품의 온라인 구매에 머물지 않고, 백화점에서 구매하던 명품과 골프용품 등의 고관여 상품도 온라인몰에서 구매하는 추세가 증가하고 있다.

〈표 1-5〉 구매패턴의 변화

구분	과거	현재
구매패턴	· 생필품 - 마트, 재래시장 · 명품/골프용품 등 - 백화점 등	생필품, 명품/골프용품 등 - 온라인 마트, 명품/골프용품 전용몰

1.5.2 환경변화에 따른 인재상의 변화

시대환경의 변화에 따른 불확실성의 증가로 인해, 기업도 과거와 달리 조직구성원으로서 담당업무에 숙달된 인재보다, 돌발변수에 능동적으로 대처하고 창의적 아이디어를 바탕으로 시장 변화를 주도하는 기업가정신이 충만한 인재를 선호하고 있다.

〈표 1-6〉 시대환경 변화에 따른 기업 인재상의 변화

과거	현재
양적 성장 추구	질적 성장 추구
주어진 일을 잘하는 검증된 인재 필요	조직의 당면문제 해결 가능한 사람, 도전정신이 강하고 구성원과 화합하며 새로운 아이디어와 방식으로 일하는 사람 중시
스펙(Spec) 또는 인맥을 통한 안정적인 인력수급 선호	특화되지 않은 업무에 익숙하여 언제든지 교체 가능한 인재 지양, 수익원을 찾아 불확실성에 도전하고 새로운 아이디어를 창출하는 기업가정신이 충만한 인재 선호

〈그림 1-2〉 시대별 기업 요구 인재상

※ 출처 - 잡코리아(2020), 네이버 블로그(rhddkwn)

CHAPTER 2 창의적 사고

2.1 창의적 사고의 필요성

독창적이고 차별화된 아이디어 발상은 창의성을 전제로 하며, 창의적 사고능력의 사람들은 ① 불확실성에 대한 참을성, ② 인내, ③ 기꺼이 모험하려는 도전정신, ④ 스스로에 대한 확신, ⑤ 새로운 경험에 대한 개방성 등의 5가지 특징을 보유하고 있다. 또한 창의적 사고를 위한 전제조건으로서 ① 전문성 강화, ② 모순의 양면 해결, ③ 상상력 발휘, ④ 명확한 개념 정리, ⑤ 다양한 지식 활용, ⑥ 아이디어 실행, ⑦ 사고의 유연성 확보 등의 실행이 필요하고, ① 고정관념 폐기, ② 부정적 사고 탈피, ③ 선입관 제거, ④ 변화에 대한 저항 포기 폐기, ⑤ 사고의 결핍증 탈피 등의 실천을 통해 창의성 발현의 장애요인을 제거해야 한다.

〈표 2-1〉 사업화 아이디어 발상 방법

· 독서 및 메모 · 응용 · 사물과 현상에 대한 끊임없는 의심과 개선의지 · 공상과학영화 및 소설 등을 통한 미래기술 예측 · 기존 법칙과 방식의 불편함 개선 · 사고(思考)의 역발상 · 연역적 사고를 통한 미래상황 예측 · 틈새시장에 대한 관심 · 가용자원 규모에 맞는 아이디어 탐색 · 의(衣)·식(食)·주(住)·미(美)·휴(休) 관련 아이디어 검색	⇨	창업기회 발견

2.2 아이디어 발상과 창업기회 발견에 대한 이해

미국의 개인사업자를 대상으로 사업 중인 아이디어의 원천을 조사한 미국 독립사업 전국협회(National Federation of Independent Business)의 조사 결과에 의하면, 현재의 사업적 아이디어를 이전 일의 경험(45%), 취미 또는 관심사(16%), 우연한 기회(11%), 불특정인의 제안(7%), 교육의 결과(6%) 에서 얻은 것으로 확인됨으로서, 창업자가 오랜 기간 종사했던 분야와 관련된 창업이 많음을 확인할 수 있다. 따라서 사업화 아이템의 선정과정은 자신이 종사했던 분야 또는 관심 분야에서 느꼈던 불편함과 개선점을 발견하고, 친구와 친척 등의 주변인들과 관련 분야 전문가들의 의견을 참고한 뒤, 서적과 간행물 등을 통해 지식과 정보를 습득하여, 트렌드 변화추이에 부합하는 아이템을 선정하는 단계로 진행되어야 실패 가능성을 최소화 할 수 있다.

〈표 2-2〉 아이디어 발상 원천

아이디어 원천		아이디어 개발
진보된 기술, 시장의 니즈(needs), 경쟁자	⇨	직접 탐색, 시장조사
생산/서비스 공정, 유통경로, 환경변화		기술적 정보 및 예측, 경쟁기술 응용

〈표 2-3〉 단계별 아이디어 개발 과정

(1단계) 연구/사고	(2단계) 인적 네트워크 활용	(3단계) 현장 확인	(4단계) 서적/간행물 분석	(5단계) 변화추이 관찰
① 관찰(역발상) ② 불편/필요사항 발견 ③ 틈새시장 발견 ④ 문제점 도출 ⑤ 분석 ⑥ 차별화 (기능/방식/형태 → 변경/확대/축소)	· 주변인 – 잠재적 고객 및 공급자 · 사업 관계자, 창업 성공자 · 연구기관 학교 연구원 · 직장동료, 거래처 직원 · 법무/세무 관계자	· 무역 및 관련 산업 분야 전시회 · 도서관, 박물관 · 생산공장 · 발명 박람회 · 대학/대학교 · 연구기관 · 관련 산업분야 선 두기업 등	· 무역 간행물 및 지침서 · 관련 산업분야 간 행물 · 특허청 자료 · 관련 산업분야 선 두기업 간행물 · 논문/학술지 · 신문	· 환경 변화추이 · 트렌드 변화추이 · 기술 변화추이 · 가치관 변화추이 · 유행 및 법률 변화 추이 · 국내 사회적 이슈 · 국제 이슈

· 투자회사 관계자 · 현장기술자 및 관리자 · 정부/유관기관 관계자 · 관심분야 사업지원 기관 담당자 등	· 해외 간행물 등	

2.3 팀 빌딩과 팀 빌딩 시 고려사항

창업팀이란 새로운 비즈니스를 공동으로 시작하기 위해 모인 두 명 이상의 개인들로 구성된 집단을 말하고, 창업팀 구성원의 보유 역량이 신생기업의 핵심 자원이므로, 창업 기업의 부족한 자원을 보완할 수 있는 구성원들의 핵심 역량을 고려하여 창업팀을 구성해야 한다. 즉, 1인 창업으로도 사업화가 가능하지만 기업이 성장함에 따라 창업자가 마케팅, 생산관리, 자금조달, 연구개발 등의 업무를 모두 수행할 수 없으므로, 업무분장 및 효율성 제고 측면에서 팀 구성은 불가피하며, 팀 구성을 통해 창업자는 심리적 위안을 얻을 수 있고, 팀원의 인맥과 경험 및 자본 등을 활용할 수 효과를 얻을 수 있다. 또한 자금 조달을 위한 투자자 유치 시 팀 구성 및 구성원에 대한 평가가 투자 여부를 결정하는 중요한 지표로 작용하고 있다. 따라서 태생적으로 자본과 인력 및 조직 등의 자원이 부족한 신생기업의 한계를 극복하기 위해서는 다양한 경험과 역량을 보유한 구성원들로 창업팀을 구성해야 한다.

〈표 2-4〉 팀 빌딩의 필요성 및 효과

팀 빌딩 필요성	팀 빌딩 효과
· CEO 1인의 물리적 · 신체적 한계 · 투자 유치 지표 · 사업화에 필요한 역량 및 자원 확보 · 창업자의 심리적 위안 · 팀원의 경험 · 인맥 및 자금 활용	· 사업기회 획득 · 부족한 자원의 보완 · 업무 효율성 제고 · 사업계획서의 보완 및 수정 · 동질감, 동료의식, 유대감 형성 · 다양한 관점의 창의적 발상 가능

2.3.1 팀 빌딩 구축전략

팀원 채용 시 가장 고려해야 하는 사항은 팀원을 채용함으로써 조직 전체에 기여하는 시너지(Synergy) 효과를 기대할 수 있는가 여부로, 업무 수행을 위한 인원 수 충족만을 고려하면 집단 속에 참여하는 개인 수 증가에 따라, 성과에 대한 1인당 공헌도가 감소하는 링겔만 효과(Ringelmann effect) 가 발생할 수 있다. 따라서 창업팀 구성원의 핵심 역량을 ① 관련 분야 경력 및 자격증, ② 인맥, ③ 전문기술 및 지식, ④ 자본 투자 기여도, ⑤ 특정 기술 보유여부 등의 적격성 항목과, ① 가치/신념/목표/비전 등의 공유 여부, ② 구성원 간 적합도, ③ 조직 적응도와 상호 신뢰성, ④ 학습능력, ⑤ 리더십 등의 적합성 항목으로 구분한 뒤, 각 항목별 평가점수를 통해 영입 여부를 결정하면 시행착오를 줄일 수 있다.

또한 팀 구성 시 사업모델의 모호함이 존재하고 사업 자금 등이 부족한 창업 초기에는 사업화에 반드시 필요한 핵심 기술인력 중심으로 인원을 최소화 하여 구성하고, 사업화가 진척되어 실적이 발생되는 시점에는 기능별 책임자와 핵심인력을 영입하여 사업의 가속화를 촉진하며, 실적 확장과 안정적인 성장을 준비하는 시점에 마케팅 전문가를 영입하여 마케팅 기능을 확대해야 한다.

그리고 가치를 공유하며 조직 내 시너지 효과를 창출할 수 있는 팀원 영입의 가장 빠르고 편리한 방법은 창업자의 ① 인적 네트워크를 활용하는 방법이고, 부가적으로 ② 소셜 네트워크를 활용하거나, ③ 채용박람회 또는 관련 분야 모임 등을 활용하는 방법도 유용하다.

〈표 2–5〉 팀 빌딩 기준

가치, 신념, 비전에 대한 공감대가 형성되는 팀원 확보	가치와 신념 및 비전이 공유되어야 갈등 예방 및 시너지 창출이 가능
전문성 및 역량 보유 팀원 확보	창업 기업 특성상 관련 분야의 전문성이 뒷받침되지 않는 팀원의 시너지 효과는 낮음.
창업자의 성향 및 라이프스타일과 부합하는 팀원 확보	생활 습관과 성향에 대한 이해도가 높아야 상호 간 부담감이 적음.

보유한 가용자원이 한정적인 창업기업이 사업화 아이템을 선정하고 검증하기 유용한 방법은 인터넷과 관련 분야 서적 및 논문 등을 검색하고 탐색하여 활용하는 방법과 친구와 친척과 동료 등 주변인의 자문을 활용하는 방법이다. 전문기관을 통한 시장조사와 고객설문(survey)은 많은 비용의 지출과 일정 기간이 소요되는 반면, 자체 조사방법은 창업자 또는 창업 팀의 적성과 보유역량 및 동원 가능한 자원을 직접 평가할 수 있고, 단기간에 희망하는 정보를 취득할 수 있다는 장점이 있다. 다만, 정보의 질과 양이 전문기관 대비 낮고, 물리적으로 조사할 수 있는 범위가 한정적이라는 단점이 있다. 그럼에도 불구하고 창업 준비단계에서는 비용 지출을 줄이고 다수의 창업 아이템을 선정하여 검토하기 위해서, 자체 조사를 통한 아이템 검증방법을 우선하여 활용해야 한다.

〈표 2-6〉 사업 아이템 검증 과정

1단계	인터넷 검색(관련 산업분야 상위기업 홈페이지 방문 포함) 및 신문, 간행물, 관련 산업분야 전문서적, 논문 등 구독
2단계	인적 네트워크 활용(주변인의 자문: 친구, 동료, 선/후배 등)
3단계	관련 산업분야 종사자(현장 관계자, 종사자 등) 방문

2.4.1 사업 아이템 선정 시 고려사항

일시적으로 유행하는 사업 아이템은 경제, 사회, 문화, 정책, 기후변화 등 다양한 외부 변화에 따라 수요가 민감하게 영향을 받기 때문에, 수요의 지속성과 반복성이 낮아 금방 소비자의 눈 밖에 벗어나게 되고 사라지기 쉽다. 따라서 사업 아이템의 ① 창업자 적성과의 부합도, ② 사업화에 필요한 조직/자본/시간 등 사업화 역량의 구축정도, ③ 아이템의 구현 가능성, ④ 제품과 서비스의 트렌드 변화추이 등을 사전에 검토한 뒤 사업 아이템을 선정해야 한다.

〈표 2-7〉 사업 아이템 선정 시 고려사항

구분	내용
적성과 능력	창업자 적성 · 성격 부합 여부, 건강 · 신체능력, 관련 분야 경험, 관련 분야 지식 · 인적 네트워크, 자금조달 능력, 협업 · 조력자
시장성	업종 적합 입지, 업종 발전단계(도입기 or 성장기), 시장규모, 경쟁현황, 성장 가능성
수익성	투자 대비 수익율, 손익분기점, 금리 대비 수익성, 목표이익 실현 시점, 투자자금 회수 가능성
상품성	고객 니즈(need's) 부합상품 여부, 상품 조달 · 공급 용이성, 상품 관련 기술의 독점성, 고객 선호도, 영업 · AS 가능 여부
위험성	인 · 허가 문제, 경쟁자 분쟁 가능성, 공익침해 여부, 진입장벽

2.4.2 사업화 아이디어의 상품화 과정

사업화 아이디어를 상품화할 때 가장 중요하게 고려해야 할 사항은 창업자 또는 창업 팀이 보유한 가용자원 이내에서 사업모델을 확정하고 개발해야 한다는 것이다. 가용자원 한계를 초과하는 사업모델은 자금 압박에 따른 조급증을 유발하여, 최초 수립한 계획을 무시하고 사업화를 서두르게 만들어 실패가능성을 높이기 때문이다.

〈표 2-8〉 아이디어 발상 원천

아이디어 발상		아이디어 숙성		시장조사		아이디어 수정		사업타당성 분석	
메모	⇨	수정/보완	⇨	관련 산업 분야	⇨	차별화/ 역발상	⇨	시장성, 경제성, 기술성	⇨

사업모델 확정		지식재산권 출원		사업계획서 작성		목업 제작		시제품 제작, 생산/판매
가용자원 이내	⇨	특허, 실용신안, 디자인	⇨	개발/자금 조달계획 등	⇨	투자자 모집, 판로개척	⇨	제조/물류/판로 선정

사업 아이템을 발굴하는 방법은 ① 창업자 또는 창업기업이 보유한 자원과 역량을 먼저 평가·검증한 뒤 시장수요를 확인하는 귀납적 발굴방법과 ② 시장수요를 확인한 뒤 창업자의 적성과 보유역량을 평가·검증하는 연역적 발굴방법으로 구분할 수 있다.

〈표 2-9〉 사업 아이템 발굴방법

귀납적 발굴방법	창업자의 적성, 관련분야 경험 수준, 보유 자원 검증·평가	⇨	트렌드 변화추이, 시장수요, 시장 성장가능성, 검증·평가
연역적 발굴방법	트렌드 변화추이, 시장 성장가 능성, 수요 검증·평가	⇨	창업자의 적성, 관련분야 경험수준, 보유 자원 검증·평가

2.5.1 사업화 아이디어의 사업성 검토

창업 및 사업화의 궁극적인 목적이 판매를 통한 수익창출에 있으므로, 사업화 아이디어가 소비자의 수요에 부합하지 못하면 아이디어로서의 가치가 없다. 따라서 사업화 아이디어 선정에 있어서 소비자가 무엇을 요구하고 어떤 것을 불편해하는지를 파악하는 과정이 가장 중요하다.

〈표 2-10〉 사업 아이템 선정 시 고려사항

아이템 유형	우수 아이템의 조건
욕구충족형 아이템 (소비자 불편함 존재 아이템)	· 소비자 수요(욕구)가 존재하지만 생산제품 없음 · 미래 욕구분출 가능성 높음
경쟁력 있는 아이템 (개선, 차별화된 아이템)	· 차별화(기능/디자인 등 개선, 가격 우위 등) · 경쟁력(기술 우위, 지식재산권 등) · 소비자 신뢰도 확보 ⑩ 가전은 LG
수요증가가 예측되는 아이템 (트렌드 변화에 부합하는 아이템)	· 주요 구매층의 인구증가 지속 · 소비자 기호 변화 · 소비자 의식변화 ⑩ 친환경(쓰레기 제로)제품 선호 · 국민 경제수준의 향상

2.5.2 사업 아이템 탐색 방법

사업 아이템를 탐색하는 방법으로 ① 이분법과 ② 가중치법이 있다. 이분법은 예/아니오로 문항을 단순화하여 비교적 많은 아이템을 평가하기 용이하고, 가중치법은 아이템 항목별 가중치를 부여하여 평가함으로써 아이템별 중요도를 확인할 수 있다는 장점이 있다.

〈표 2–11〉 사업 아이템 탐색 방법

구분	장점	단점
이분법 **(예/아니오)**	간편, 많은 아이템을 비교적 쉽게 평가	· 문항/내용 선택이 주관적 · 응답 범위가 2가지로 제한 · 상대평가 곤란
가중치법 **(항목별 가중치** **부여)**	항목별 중요도 평가 가능 ⑩ 기술숙련도, 관련 분야 경험 및 지식, 독창성, 시장 진입 용이성, 수익성, 시장성, 확장가능성 등	· 다수의 선택 항목, 고려요인 · 의사결정의 어려움

PART 2 디자인 씽킹 개요

CHAPTER 1 디자인 경영

1.1 디자인의 개념

디자인(Design)은 어떤 아이디어 또는 작업계획을 구체화시키는 과정으로서, 사전적 의미의 디자인(Design)은 실용성과 심미감을 갖도록 의상, 제품, 작품, 건축물 등을 설계하거나 도안하는 일을 의미하고, 광의의 개념으로 상업적 측면에서 판매와 유통의 목적을 가진 제작물을 말한다.

1.2 디자인 경영의 개념

디자인 경영(Design Management)이란 디자인을 경영전략적 수단으로 활용하여 제품과 서비스 및 조직의 디자인 관련 사항을 최적화 하여 새로운 비전과 가치를 창출함으로써, 생산성과 경쟁력 및 품질 향상을 도모하는 경영을 말한다. 즉 디자인 경영은 디자인 마인드를 바탕으로 새로운 제품 또는 서비스의 기획부터 개발 및 유통까지의 전체 공급과정을 관리하는 것을 의미한다.

1.3 디자인 경영 적용 사례

기업이 디자인을 전략적 수단으로 활용하는 대표적 예가 CI(Corporate Identity)와 BI(Brand Identity) 디자인과 컬러 마케팅(Color Marketing)으로, CI 디자인은 기업 이미지를 시각적으로 통일화, 단일화, 체계화하기 위한 전략적 커뮤니케이션 시스템으로서, 기업의 긍정적 이미지를 형성하고 존재 의의를 명확하게 하며, 기업의 비전과 사명 및 역할 등의 정체성을 통일시킴으로써, 기업이 추구하는 가치와 방향성을 전파하는 대표적인 수단이다. 또한 BI 디자인은 제품 또는 서비스의 특성을 시각적으로 디자인 하여 브랜드 이미지를 통일화하는 수단으로, 각 브랜드만의 가치체계와 목표 및 의미 등이 포함됨에 따라 브랜드만의 차별성과 선호도를 높일 수 있다.

〈그림 1-1〉 CI · BI 디자인 예

AMOREPACIFIC   Mamonde   *innisfree*

※ 출처 - 아모레퍼시픽 홈페이지

컬러 마케팅(Color Marketing)은 색상을 활용하여 소비자의 시각을 자극 함으로써 구매의욕을 고취하는 기법으로, 기업 이미지를 전달하고 정체성을 각인시키는 필수적인 요소로서, 차별화된 브랜드 이미지 전달 등의 차별화 전략과 감성 마케팅의 필수적 구성 요소이다. 즉, 컬러 마케팅은 색상이 지닌 상징성을 활용하여 소비자로 하여금 색상과 연관된 특정 이미지를 연상하게 함으로써 기업 및 브랜드 이미지 각인과 구매 결정에 영향을 미치게 하는 마케팅 활동을 말한다. 이에 따라 컬러 마케팅이 성공하기 위해서는 ① 컬러 고유의 이미지에 기업 또는 브랜드만의 가치와 아이덴티티 (Identity)를 부여해야 하고(가치부여의 원칙), 컬러를 장시간 일관되고 반복적 으로 노출하여야 하며(일관성의 원칙), 컬러를 트렌드 변화추이에 조화시키려 는 유연함을 가져야 한다(트렌드 변화 수용 원칙).

이와 관련하여 기업들은 기업과 브랜드 또는 제품 인지도를 높이기 위해 특정 색상을 선점하거나 색상이 내포하는 느낌과 이미지를 제품과 일치시켜 광고 등에 활용하고 있다. 대표적으로 빨간색은 감성을 자극하고 열정 및 적극적인 이미지를 내포하여 식품과 스포츠 브랜드에 자주 활용되고, 파란색은 신뢰와 성공의 이미지를 내포하여 식음료 및 금융 브랜드에 활용되며, 초록색은 평화와 희망의 이미지를 내포하여 화장품 관련 브랜드에 적용되고 있다. 또한 노란색은 자신감과 긍정의 이미지를 내포하여 유통 관련 브랜드에 적극 활용되고 있다.

〈그림 1-2〉 컬러 마케팅 사례

※ 출처 - 스타벅스 홈페이지, 삼성 홈페이지

CHAPTER 2 디자인 씽킹(Design Thinking)

2.1 디자인 씽킹의 개념

사전적 의미의 디자인 씽킹(Design Thinking)이란 문제에 대한 실용적이고 창의적인 해결법으로서 디자이너가 디자인 과정에서 활용하는 창의적인 전략을 의미한다. 즉, 디자인 씽킹은 디자인 작업 프로세스를 기반으로 하는 창의적인 문제 해결 방식으로, 문제를 발견하고 해결하는 분석적 사고에 근거한 문제 기반 또는 문제 중심의 창의적 사고방식이다. 또한 디자인 씽킹은 ① 공감하기, ② 문제 정의하기, ③ 아이디어(해결방안) 내기, ④ 프로토타입(시제품) 만들기, ⑤ 테스트 해보기의 5단계 순서로 구성되며, 고객 중심의 마인드 셋에 기반함에 따라 고객 관점에서 문제를 발견하여 해결함으로써 고객의 만족감을 높일 수 있고, 경쟁자와의 차별화 전략을 개발하기 용이하다는 특징이 있다.

〈표 2-1〉 디자인 씽킹 프로세스

공감하기 (Empathize)		문제 정의하기 (Define)		아이디어 내기 (Ideate)		시제품 만들기 (Prototype)		테스트 해보기 (Test)
소비자 관점에서 행동과 동기 등을 관찰, 경험하여 고객/사용자에 대한 이해도 제고	⇨	고객/사용자의 문제 원인 탐색	⇨	문제 해결을 위한 다양한 해결책 모색	⇨	도출된 아이디어 기반의 시제품 제작 및 피드백 수렴	⇨	고객·사용자 대상의 시제품 검증 및 제품·서비스의 완성도 제고

디자인 씽킹(Design Thinking)은 고객 또는 사용자가 필요로 하는 방향으로 해답을 찾아가는 방법으로, 고객 또는 사용자의 니즈(Needs)를 이해하고, 이를 해결하기 위해 공감적인 태도를 활용하는 문제 해결에 대한 논리추론적 접근법이다. 즉, 사용자를 이해하고, 문제를 재정의하여, 도출된 아이디어를 기반으로 프로토타입을 제작 · 테스트하는 비선형적이고 반복적인 프로세스를 통해 제품과 서비스 또는 사업 모델 등의 다양한 문제 해결에 적용할 수 있는 사용자 중심의 혁신 프로세스이다.

교육 과정에서 디자인 씽킹이 중요한 이유는, 4차 산업혁명과 지능정보사회의 도래에 따른 창의융합형 인재의 필요성이 부각되고 있는 상황에서, 실제 사용자 입장에서 이면에 숨겨진 문제를 파악하고 발산 · 수렴적 사고를 바탕으로 창의적으로 문제를 해결하는 혁신적 사고방식의 중요성이 점차 강조되고 있기 때문이다. 즉 학생들이 고객과 사용자 입장에서 문제점을 발견하고 해결방안을 추측 및 도출하여 문제를 해결하는 디자인 씽킹(Design Thinking) 과정이 학생들의 창의적인 자신감을 키우고 궁극적으로 혁신으로 이어져서 급격하게 변화하는 세상을 이해하고 건전한 기업가로서 성장하는 데 도움이 되기 때문이다.

〈표 2–2〉 디자인 씽킹 vs 비즈니스 씽킹

요인	디자인 씽킹	비즈니스 씽킹
사고 체계	디자인 중심 직관적 사고	논리적 · 분석적 사고
관점	고객/사용자 중심, 타당성 확보	자원 효율화 중심, 신뢰성 확보
문제점 조사방법	관찰 및 인터뷰	설문 및 리서치
아이디어 발상	창의적 아이디어 발상 및 해석	평가/분석 및 기준 수립

디자인 씽킹은 공동의 작업에서 개개인의 아이디어와 기술을 공유하는 방법이며, 고객을 관찰하고 공감하는 디자이너들의 작업방식을 프로세스화 한 것이다. 즉, 디자이너들이 제품과 서비스를 디자인할 때 시각과 촉각 및 사용할 때의 느낌 또는 감정을 고려하여 고객과 사용자들이 희망하는 방식과 디자인 등을 반영하는 작업방식을 방법론화 한 것이다. 이에 따라 궁극적으로 고객의 니즈(Needs) 충족을 통한 '고객 만족'을 위한 과정으로서의 디자인 씽킹 프로세스는 ① 공감하기, ② 문제 정의하기, ③ 아이디어(해결방안) 내기, ④ 프로토타입(시제품) 만들기, ⑤ 테스트 해보기의 5단계로 구성된다. 다만, 디자인 씽킹은 최선의 결과가 도출될 때까지 수정하고 개선하는 작업을 지속하는 과정으로서, 반드시 5단계 과정이 순차적으로 진행되는 것은 아니다.

1단계 공감하기(Empathize)는 인터뷰와 리서치(Research) 등을 통해 고객 또는 사용자의 니즈를 파악하는 단계로서, 자신만의 가정(假定)에서 탈피하여 고객과 사용자의 니즈에 대한 통찰력을 얻을 수 있는 단계이다.

2단계 문제 정의하기(Define)는 전 단계에서 획득한 고객 니즈에 대한 통찰력을 바탕으로 고객과 사용자의 진짜 문제를 정의하는 과정으로, 사용자 관점에서 무엇이 문제이고 어떤 불편함이 존재하며 어떻게 개선되어야 할 것인가를 결정하는 단계이다.

3단계 아이디어 내기(Ideate)는 문제 정의하기(Define) 단계에서 발견한 문제점들을 해결할 수 있는 다양한 아이디어들을 자유롭게 도출하는 단계로서, 브레인스토밍 등의 아이디어 도출기법을 활용하여, 고객의 불편함을 개선하기 위해 여러 사람들이 아이디어를 제시하고 발전시키는 과정이다. 단, 아이디어 발굴은 최선의 아이디어를 찾는 것이 아니라, 다양한 아이디어들을 검토하여 여러 개의 우수한 아이디어들을 발굴하는 방식으로 진행한다.

4단계 시제품 만들기(Prototype)는 문제의 해답이 될 수 있는 아이디어를 시각적 또는 물리적으로 구현하는 단계로서, 프로토타입 제작 후 고객 또는 사용자의 평가를 받고, 평가과정에서 도출된 사용자 의견 또는 아이디어를 반영하여 새로운 프로토타입을 제작하는 과정이다. 다수의 프로토타입의 제작은 새로운 제품 또는 서비스에 대한 아이디어를 구체화 하는데 기여하여 출시하려는 제품과 서비스의 완성도를 높인다.

5단계 테스트(Test) 하기는 문제점 해결 방안에 대한 타당성을 검증하는 단계로서, 타당성 검증을 통해 추가적인 문제를 재정의할 수 있고, 이전 단계로 돌아가서 추가 반복 또는 변경 및 개선 작업을 수행하여 대안을 모색하거나 아이디어를 제외할 수도 있다.

〈표 2-3〉 디자인 씽킹과 고객 만족

2.4 디자인 씽킹 수행방법

① 1단계(공감하기): 공감하기 위한 방법
· 관찰하기 - 고객 또는 사용자가 실제로 어떻게 행동하는가를 관찰
· 인터뷰 - 고객 또는 사용자의 경험담 청취 및 사용자 의견에 대한 이해
· 직접 체험 - 고객 또는 사용자의 불편함 등의 직접 체험을 통한 공감대 형성
② 2단계(문제 정의하기): 문제점의 본질을 찾는 방법
· 기존 시각 및 사고방식과 다른 관점에서 문제의 본질을 탐색
· 문제 해결이 고객 또는 사용자에게 가치를 부여하는지 확인
· 고객 또는 사용자에게 진정으로 필요한 문제 해결방안 탐색
· 고객 또는 사용자가 희망하는 방향의 문제 해결방안 탐색
· 고객 또는 사용자 중심의 사고방식과 일체화

③ 아이디어 내기: 아이디어 내기 원칙
· 다수의 사람들로부터 아이디어 청취/수집
· 제시된 아이디어에 대한 비평 및 판단 유보
· 의견 제시의 두려움을 상쇄시킬 수 있는 자유 분방한 분위기 조성
· 아이디어의 '질'보다 '양'에 집중
· 기존 아이디어의 결합 또는 개선 허용
· 그림 또는 도표를 활용한 시각화
④ 프로토타입 만들기: 시각화 원칙
· 완성도 높은 프로토타입 제작 지양
· 단기간에 쉽고 저렴한 다수의 낮은 완성도 프로토타입 제작
· 프로토타입을 활용한 의사소통 및 수정/개선안 도출
· 수정/개선안이 반영된 다수의 피드백 프로토타입 제작
⑤ 테스트하기: 실행원칙
· 관련분야 관계자 및 종사자 대상의 현장 중심 테스트 진행
· 고객 또는 사용자 의견 청취 및 반영
· 문제 해결시점까지 반복적 프로토타입 테스트 및 아이디어 수정

〈표 2-4〉 Airbnb 디자인 씽킹 적용 사례

문제점 발생	매출 하락 및 파산 우려(1주 매출 200불)
⇩	
문제 파악/공감하기	숙소 사진 이미지 불량 및 낮은 고객 유인효과 결론 도출
⇩	
문제 정의	낮은 해상도의 휴대폰 카메라 촬영 및 특정 사이트 사진 사용
⇩	
아이디어 내기	숙소 주인들과 협의 후 고해상도 이미지로 대체
⇩	
프로토타입 만들기	카메라 대여 및 고해상도 이미지 업로드
⇩	
테스트	1주당 2배 수입 증가 및 창업 8개월만의 성장

PART 3 캡스톤 디자인 개요

CHAPTER 1 캡스톤 디자인의 개념과 목적

1.1 캡스톤 디자인의 개념

캡스톤(Capstone)은 피라미드의 최상층부에 마지막으로 올려놓는 돌을 의미하는 것으로, 캡스톤 디자인(Capstone Design)은 대학에서 학습한 이론을 바탕으로 제품과 서비스 등을 기획 · 설계 · 제작하는 과정을 경험하는 교육과정을 의미한다. 2002년 공학인증제도가 대학교육과정에 도입되면서 공학인증을 위한 필수 프로그램으로 '설계(design)' 교과목이 지정되면서 적용되기 시작했고, 2012년 시작된 산학협력선도대학육성사업(LINC사업)을 계기로 공과대학 중심에서 모든 학문 분야로 확산되어, 산학협력 사업에 참여하는 모든 학과의 교과과정에 편성되었다.

1.2 캡스톤 디자인 수업 목적

캡스톤 디자인의 목적은 대학에서 배운 이론을 통해 하나의 제품이나 작품을 기획, 설계, 제작하는 전 과정을 사전에 경험함으로서 실제 산업현장에 적합한 인재를 양성하는 데 있으며, 공학계열의 경우 결과물이 제품 또는 부품 등 유형적일 수 있지만, 비공학계열은 분석결과와 제안서 등의 무형적인 결과물이 도출될 수 있다.

〈표 1-1〉 캡스톤 디자인 진행과정

1.3 캡스톤 디자인 수업 기대효과

캡스톤 디자인 과제 수행 과정을 통해, 학생들이 창의적 아이디어 발현과 시장조사, 사업타당성 분석 및 사업계획서 작성, 사업모델 구축 및 제작업체 선정·의뢰, 판로개척방안 연구 등의 일련의 사업화 전 과정을 직·간접적으로 체험함으로써, 산업현장에서 요구되는 실무능력과 지식을 향상 및 습득할 수 있고, 창업과 사업화에 필요한 노하우(Knowhow)와 경험을 체득할 수 있다. 또한 산·학 협력교육을 통해 이론 중심의 대학교육과정에서 탈피하여 산업현장 경험과 지식을 대학교육과정에 접목함으로써, 이론 중심의 대학교육과 실무 중심의 산업현장 간의 괴리감을 최소화 할 수 있다. 이에 따라 기업이 요구한 과제 해결을 통해 대학은 현장 중심의 실무교육을 강화할 수 있고, 기업은 현장 실무능력을 구비한 인력 확보와 더불어 기업이 직면한 애로사항과 당면과제를 해결할 수 있으며, 학생은 과목 수강을 통해 전공 또는 취업과 연계된 실무능력을 향상 또는 강화할 수 있는 효과가 있다.

〈표 1-2〉 캡스톤 디자인 수업 기대효과

운영주체	기대효과
대학	현장 중심의 실무교육 강화, 산학연계 취업률 제고
기업	기업 당면과제 해결, 시제품 제작, 실무능력 구비 인재 확보
학생	취업/전공 연계 실무능력 향상 및 강화

CHAPTER 2 캡스톤 디자인 수업 개요

2.1 캡스톤 디자인 수업을 위한 전제조건

캡스톤 디자인의 핵심은 체계적 설계방법론에 창의적 사고를 어떻게 접목할 것인가에 있다. 즉, 창의적 사고가 과제 수행 전 과정에 걸쳐 적용되어, 각 과정별 다양한 아이디어를 준비하고 대안을 검토하여 적절하게 적용될 수 있어야 한다. 이에 따라 문제를 발견하고 해결하는 분석적 사고에 기초한 창의적 사고방식으로서의 디자인 씽킹(Design Thinking)을 활용한 캡스톤 디자인 교육과정 개발이 필요하다.

〈표 2-1〉 캡스톤 디자인 수업 주체별 전제조건

구분	전제조건	세부 필요조건
학생	전공지식에 대한 높은 이해	과제 해결에 필요한 전공지식 습득 · 이해
	팀 활동 참여의지	· 팀 빌딩 및 활동 참여 정도 · 팀워크 필요성과 담당 역할 대한 이해 정도
	창의적 사고	과제 해결을 위한 독창적 · 창의적 아이디어 도출
	열린 사고	다양한 의견 및 제안에 대한 개방적 사고
교수	수업과정 이해 및 운영능력	· 수업과정 전반에 대한 이해 정도 · 수업과정별 과제수행 조정 및 운영 능력 · 민주적 · 수평적 체계 구축 및 운용

〈표 2-2〉 캡스톤 디자인 운영조건

운영조건	세부 조건
과제 해결을 위한 시간 및 공간	· 문제 인식 및 아이디어 도출/수정 등에 필요한 시간 보장 · 과제 수행을 위한 독립적이고 안전한 공간 제공
운영체계 및 과정에 대한 인식	· 설계방법론에 기초한 과정별 수행업무에 대한 개인별 인식 · 과제 해결을 위한 수행계획 및 전략 수립에 대한 이해
문제 해결을 위한 다양한 도구	· 멘토링 및 자문에 필요한 전문가/현장관계자 네트워크 · 목업(Mockup) 제작업체 및 제작설비 정보
창의적 사고 및 과정 평가에 대한 인식	· 결과물에 대한 상대평가방식이 아님을 인식 · 창의적 사고/과정별 참여도/수행업무에 대한 평가임을 인식 (전공지식의 이해/적용, 논리적 사고 전개, 적절한 의사결정 과정 등)
목업(Mockup) 제작을 위한 지원	· 목업(Mockup) 또는 부품 제작 공간 · 도구 · 제작 지원인력 또는 인적 네트워크

2.2 캡스톤 디자인 수행 평가요소 및 방식

캡스톤 디자인 수업의 평가방식은 교과목 담당교수의 평가방식과 기준에 따라 상이할 수 있지만, 일반적으로 절대평가 또는 P/NP(Pass/Non pass)평가 방식을 적용하고, 평가요소는 프로그램 기획서, 주차별 보고서, 팀 활동일지, 중간/기말 보고서, 결과물(목업, 사진, 영상, 프로그램, 보고서 등) 등을 대상으로 한다.

2.3 캡스톤 디자인 운영방식 및 담당자별 역할

일반적으로 캡스톤 디자인 과목은 대학 정규 교과목으로 편성되어 운영되고, 대학의 필요에 따라 학기 또는 방학 중 비교과 프로그램으로 편성하여 운영되기도 한다. 또한 운영주체에 따라 학과별 특성을 고려하여 운영방식과 결과물 도출기준을 다르게 적용하기도 하며, 운영주체는 교과목 담당교수와 과제책임 지도교수 또는 기업체 멘토, 그리고 수강 학생으로 구성된다.

〈표 2–3〉 캡스톤 디자인 과목 운영주체별 역할

운영주체	역할	비고
교과목 담당교수	· 담당교과목 수업 진행 · 수업과제 수행(과제책임 지도교수 겸직 가능)	· 수강생 모집 및 과제책임교수 배정 · 과업 및 성적 평가 · 실적 관리(캡스톤 디자인 참여업체 취업 추천, 사업화/지식재산권 출원 지원, 경진 대회 출품, 논문 작성 등)
과제책임 지도교수	· 수업과제 수행 – 기업체/교수 멘토 지정 – 경비 신청 및 정산 · 과제 수행 멘토링(교수 멘토 겸직 가능)	· 교수 또는 기업체 멘토 지정 · 과제선정 및 과제물 도출 · 수업 관련 서류 작성/제출 – 과제 신청서 – 경비 신청서/사용보고서 – 과제 중간/결과보고서
교수 또는 기업체 멘토	· 과제 수행 멘토링	· 팀별 애로기술 지도 · 시장조사/사업계획서 작성 자문 · 기업체 요구사항 조정/반영
수강 학생	· 팀 활동	· 업무분장 및 담당업무 수행 · 결과물 도출(목업, 보고서, 제안서, 영상, 사진, 프로그램 등)

2.4 캡스톤 디자인 수행방법

기업체 요구사항을 확인하여 과제 수행을 위한 팀을 구성하고, 과제를 선정한 후 과제 해결을 위한 전략을 수립하여 기본설계 및 아이템 발굴 등을 진행하며, 구체 및 상세설계 과정을 통해 결과물을 도출한 뒤 시험 및 평가하여 결과물을 검증한다.

〈표 2-4〉 캡스톤 디자인 수행방법

| 기업
요구사항
확인 | ⇨ | 팀 구성
· 과제 중심
· 팀 구성원
중심 | ⇨ | 과제 선정
· 팀 과제
· 과목 과제 | ⇨ | 과제 해결전략
수립
· 팀별
· 과목별 | ⇨ | 과제 수행
· 자료조사
· 팀 토의
· 관련 기관
방문, 면담 |

| ⇨ | 과제 해결방안
도출
· 아이디어 제출
· 아이디어 검증 | ⇨ | 결과물 도출
· 목업(Mockup)
· 프로그램
· 보고서 등 | ⇨ | 평가/검증
· 테스트(Test)
· 타당성분석 | ⇨ | 전시/발표
· 교내/교외 경진대회
· 지식재산권 출원
· 산학 협업 및 사업화 |

PART 4 디자인 씽킹과 캡스톤 디자인

디자인 씽킹을 활용한 캡스톤 디자인 수업의 이해

CHAPTER 1 디자인 씽킹과 캡스톤 디자인 적용

1.1 디자인 씽킹과 캡스톤 디자인 프로세스

캡스톤 디자인의 핵심은 체계적 설계방법론에 창의적 사고를 어떻게 접목할 것인가에 있으므로, 과제 수행 전 과정에 걸쳐 문제를 발견하고 다양한 아이디어를 제시하여 문제를 해결하는 디자인 씽킹(Design Thinking)의 적용은 창의적 사고를 바탕으로 수요자 요구사항에 부합하는 결과물을 도출하는 캡스톤 디자인에 매우 유용하게 작용할 수 있다.

〈표 1-1〉 디자인 씽킹 vs 캡스톤 디자인 프로세스

과정	디자인 씽킹 프로세스	캡스톤 디자인 프로세스
1단계	공감하기(고객 불편함/Needs 확인)	기업 요구사항(문제점) 확인, 팀 구성
2단계	문제 정의하기(문제점 특정)	과제선정 및 과제 해결전략 수립
3단계	아이디어 내기(문제점 개선안 도출)	과제 수행 및 과제 해결방안 도출
4단계	prototype 만들기(아이디어 구체화)	Mockup/프로그램 제작 or 보고서 작성
5단계	테스트 해보기(고객 의견 청취/반영)	타당성 평가 및 수요자 의견 분석 사업화

1.2 교육과정의 융합화

4차 산업혁명의 도래에 따라 인공지능(AI)과 로봇 기술 등의 진전으로, 직업체계가 변화하면서 고등교육의 주도자인 대학의 역할도 변화가 필요한 시점이 되었다. 이에 따라 대학들은 4차 산업혁명 시대에 부합하는 인재 양성을 위해 다양한 방식으로 혁신을 시도하고 있고, 지식 습득 중심의 교육과정에서 현장 경험을 강화하여 취·창업까지 연계하는 교육과정으로

교육 방향을 전환하고 있다. 또한 기존의 교육과정과 학사 구조를 융합 중심으로 개편하고, 창업과 비즈니스 활동을 간접 경험할 수 있도록 학습 경험을 재구조화 하고 있다.

〈표 1-2〉 교육과정 융합화 미국 대학 사례

대학명	융합화 방향	세부 실천목표	세부 내용
애리조나 주립 대학교	기존 단과대학과 학과 통폐합 및 융합 중심 17개 대학으로 개편	사회혁신 미래 대학, 건강 솔루션 대학, 지속가능 대학 등 학제 간 융합 교육과정 시행	· 인문학과 질적 사회과학 분야 융합 · 자연과학/공학/경제학과 양적 사회과학 융합 · 헬스 케어 인력 양성 · 지속가능 정책 및 공공경영 해법 모색
스탠포드 대학교	창의적 문제해결 중심의 교수학습 방법 적용	디스쿨(D.school)을 통한 디자인 씽킹 교육 프로그램 운영	· 핵심강의 - 디자인 스킬 연습 과정 · 집중강의 - 디자인 설계 및 실습 · 팝 아웃 경험 프로그램 - 카드데크 설계 방법론
포틀랜드 주립 대학교	주제 중심의 학제 운영	학년별 프로그램 목표 설정 및 학습 경로 제공	· 1학년 - 탐구/탐색 중심 교육과정 · 2학년 - 전공분야외 주제 탐색 · 3학년 - 2학년 과정 탐색 주제 중 관심 주제 선정 및 연구 · 4학년 - 캡스톤 프로젝트 수행 및 취·창업 비즈니스 활동
퍼듀 대학교	문제 해결역량 배양 및 벤처창업 지원 교육과정 운영	기업가정신과 혁신 교육과정 운영	· 기업가정신, 창업, 전문성 개발, 지역 비즈니스 개발 프로젝트 진행 · 핵심/선택 강의 각 2개, 캡스톤 강의 1개 총 5개 강의 C학점 이상 취득 필수

※ 출처 - 한국대학교육협의회, 네이버 블로그(chilwoo1)

1.3 디자인 씽킹의 캡스톤 디자인 적용 Tip

본래 캡스톤 디자인 교육과정은 산업현장의 문제를 공과대학 중심의 창의적인 아이디어를 활용하여 설계 및 제작하고 평가받는 과정을 통해 현장에 즉시 투입 가능한 수준의 인재를 양성하기 위해 만들어진 과정이고,

디자인 씽킹은 문제의 근원을 탐구하여 참여자가 스스로 해결방안을 제시하는 교육과정이므로, 공대생은 기술 중심의 실무교육을 실시하고, 비공대생은 창의성과 팀워크 중심의 실무교육을 실시하는 방안도 고려해 볼 필요가 있다. 이에 따라 수업 내용은 프로젝트 수업(PBL; project Based Learning – 학습자가 스스로 문제를 찾아내고 해결방안을 기획하며 협력적인 조사 탐구를 통해 과제를 해결하고 결과를 공유하는 과정)과, 기본적인 디자인 조형 교육을 융합하여 실시하고, 캡스톤 디자인과 디자인 씽킹 수업에 대한 이해도를 높이면서, 프로세스와 관련된 기초적인 지식 전달을 병행할 필요가 있다.

CHAPTER 2 캡스톤 디자인 프로세스

2.1 문제 인식 단계

캡스톤 디자인 프로세스의 첫 번째 단계로서, 기업(수요자)이 요구하는 기술 개발 또는 아이디어 도출이 필요한 문제점 등을 탐색하는 과정이며, 기업(수요자)의 요구사항은 마케팅, CI 디자인 개발, 신제품 개발, 애로기술 해결, 제품 디자인, 지역 현안문제 해결 등 다양한 분야에 걸쳐 상이할 수 있다. 따라서 문제 인식 단계에서는 대면/비대면 상담 또는 방문조사 등을 통해 기업 개요, 제품과 서비스 특징 및 경쟁력, 수요 발생원인 등을 확인하기 위한 수요조사가 선행되어야 하고, 이를 통해 기업의 당면 문제점과 요구사항(Needs) 등을 정확히 파악해야 한다.

〈표 2-1〉 기업 수요조사 예시

기업명	구분	주제	개요
지꺼정 농업회사법인 주식회사	신제품 개발	영농형 재생에너지 융복합사업 개발	전기차 폐 배터리를 재활용한 태양광 기반 ESS연계 비즈니스 모델 개발
KT&G 제주본부	지역 현안문제	제주지역 건축물 미술작품 조사 및 DB화, 홍보방안 도출	홍보 기획 및 프로그램화 진행
엠제이주식회사	CI 디자인 개발	새로운 CI 제작을 통한 이미지 향상 프로그램 방안 도출	신규 CI 디자인 개발
청원산업	제품디자인 개발	제주 또는 지역을 대표하는 디자인 개발	신규 제품디자인 개발

※ 출처 - 2018년 제주대학교 LINC+ 사업단

문제 인식 단계에서의 방문조사와 상담 등을 통해 확인된 기업 또는 수요자의 불편함과 개선 욕구를 명확하게 인식하고 공감하는 단계로서, 과제 수행을 위한 팀을 구성하여 기업의 요구사항을 확인하는 과정이다. 즉, 기업 또는 수요자의 불편함을 정확하게 인식하여 일체화한 뒤, 과제 수행을 위한 팀을 구성하고 팀원 간 업무를 분장하여 문제점 해소방안 탐색을 위한 시장조사 또는 관련 분야 종사자 인터뷰 등을 실시한다. 그리고 시장조사와 인터뷰 등을 통해 기업 또는 수요자의 불편함과 요구사항을 공감하고, 관련 분야 시장규모, 시장 정체성, 성장성, 경쟁제품과 대안제품의 장·단점, 문제점 해결을 위한 기술적·자금적·수익적 타당성 등을 파악한다.

2.2.1 시장의 개념

시장(market)이란 교역(交易)의 장소로서 물건의 거래가 이루어지는 일정한 구역을 의미하는 장소적 공간(예 광장시장, 중부시장)과 재화와 서비스를 한곳으로 집중시키고 다시 분배하는 기능을 갖는 개념적 장소(예 스웨덴 마켓시장, 남대문시장)를 통칭하는 개념이며, 관념(觀念)적 시장으로서 공간적 제약을 뛰어넘어 자체의 논리 속에 존재하는 추상적 개념의 시장(예 금융시장, 노동시장)을 지칭하기도 한다.

〈표 2-2〉 시장의 개념

장소적 공간 시장	추상적 공간 시장
일정한 시간에 판매자와 구매자가 장기간에 걸친 인간적 관계를 바탕으로 만나서, 필요한 재화와 물건의 교역을 행하는 '특정한 장소'	공급과 수요가 서로 만나 경쟁을 통하여 상품의 가격과 수량 및 품질 등을 결정하는 '형식적 공간'

〈그림 2-1〉 관념적 시장과 교역의 장소

※ 출처 - 네이버 블로그(yh9810018, ansrlwodnjs)

2.2.2 시장(market)의 종류

시장의 의미는 보다 넓고 추상적으로 사용되어 시간, 참여자, 물종, 정부규제 등에 따라 분류할 수 있고, 경쟁정도에 따라 '완전 경쟁 시장'과 '불완전 경쟁 시장'으로 구분할 수 있다. 또한 불완전 경쟁 시장은 다양한 판매자와 구매자가 주어진 조건 하에서 동일한 재화를 사고 파는 완전 경쟁 시장과, 완전 경쟁 시장과 같이 다양한 공급자가 존재하지만 서로 다른 상품을 공급하는 '독점적 경쟁 시장'과, 특정 사업자가 생산과 시장을 지배하여 하나의 공급자만 존재하는 '독점 시장', 그리고 소수의 사업자가 시장 대부분을 지배하여 소수의 공급자만 존재하는 '과점 시장', 독점과 과점 시장이 합쳐친 형태의 '독과점 시장'으로 분류할 수 있다.

〈표 2-3〉 시장의 종류

분류 기준	시장 종류
시간	정기(定期)·부정기 시장, 상설시장(예 5일장, 10일장, 주시(週市), 연시(年市), 대구 약령시(藥令市) 등)
참여자	집하시장(集荷市場), 중개시장, 산매시장(散賣市場) 등
물종(物種)	- 제품시장: 소비재시장, 생산재시장 - 요소시장(要素市場): 토지시장, 노동시장, 자본시장 등

정부 규제	– 정상시장(정부의 규제나 일반적 거래관행이 준수되는 시장) – 암시장(暗市場) 또는 회색시장(灰色市場)
경쟁 정도	– 완전 경쟁 시장 – 불완전 경쟁 시장: 독점적 경쟁, 독점, 과점, 독과점 시장

〈그림 2-2〉 시장의 분류 - 집하·중개시장, 5일장·산매시장

※ 출처 – 이데일리(2021.1.12), 다음 블로그(geoje1)

2.2.3 시장 분석 시 고려요인

시장 분석 시 고려해야 할 요인은 ① 시장 규모, ② 시장의 성격 및 경쟁상황, ③ 제품 경쟁력으로, 시장의 크기와 성장 가능성, 시장 참여자와 경쟁 정도, 제품 차별화 등에 따라 시장진입 전략을 재점검하고 수정해야 하기 때문이다.

〈표 2-4〉 시장 분석 시 고려요인

고려 요인	고려내용
시장 규모	– 현재 및 장래의 국내/외 시장 규모 – 동종 업종 및 연관 업종의 경기전망 – 시장의 성장속도(성장성) – 신규수요 창출 효과(확장성)
시장 성격 및 경쟁 상황	– 생산 트렌드 – 시장진입의 용이성, 잠재적 경쟁자의 진입 가능성 – 강력한 시장지배자 존재 여부

제품 경쟁력	– 경쟁제품 대비 차별성 – 가격 수준 – 시장 참여자 과잉 여부

2.2.4 시장 분석의 의의

사업 아이템이 소비자에게 판매될 가능성을 조사 · 분석하여 사업 타당성 여부를 판단하는 시장 분석은 궁극적으로 시장에서 제품이 언제 · 얼마나 판매될 수 있는가를 예측하는 과정이다. 즉, 사업의 성패는 궁극적으로 제품과 서비스의 판매에 의해 결정되므로 시장 분석은 소비자의 구매 수요를 예측하고 판매전략과 생산계획 수립의 기초 자료를 수집하는 과정으로서 중요한 의의를 갖는다.

또한 시장 분석은 목적에 따라, ① 신제품 개발을 위한 정보수집용 시장 분석, ② 미래수요 예측을 위한 시장 분석, ③ 유통경로 개선 및 유통경로 발굴을 위한 시장 분석, ④ 광고전략 수립을 위한 시장분석으로 구분할 수 있고, 시장 분석을 통해 ① 시장 동향(시장 규모, 시장 구조, 소비자 특성), ② 상품성(상품의 강/약점, 라이프사이클, 보급률), ③ 경쟁적 지위(재무 상태, 경쟁사 운영능력, 실적/경쟁요소 비교), ④ 상품 수익성(상품원가, 마케팅 비용, 마진율, 상품가격), ⑤ 수요예측(시장점유율, 판매량 증감요인, 판매전망, 불황 적응도, 계절성), ⑥ 시장 환경(자원 환경요인, 기술적 환경요인, 마케팅 환경요인), ⑦ 판매전략(판촉 및 광고전략, 영업전략) 등을 확인할 수 있다.

〈표 2–5〉 시장 분석 절차

조사대상 특정	조사대상, 범위 및 내용
⇩	
조사설계	조사대상 검토, 조사방법 선정, 조사일정 조정 및 예산편성
⇩	
자료수집	1차 자료: 직접 수집한 자료 – 관련 분야 종사자 인터뷰, 리서치 등 2차 자료: 사내/외 연구기관 또는 공공기관 등 다양한 원천의 수집 자료

⇩	자료 분석방법 – 자료 편집, 코딩, 통계
자료분석 및 해석, 정보도출	(편집) 자료의 정정, 보완, 삭제
⇩	(코딩) 분석을 위해 일정한 숫자 부여
보고서 작성	조사 목적 및 방법, 자료처리, 통계분석, 평가와 해석, 요약 및 결론 등

2.2.5 시장 분석 기법

시장 분석은 기업을 둘러싼 외부환경을 분석하는 거시환경 분석(PEST 분석)과 기업의 내부·외부환경 분석을 위해 강점(Strength)과 약점(Weakness), 기회(Opportunity)와 위협(Threat) 요인을 규정하여 경영전략을 수립하는 SWOT 분석 기법을 통해 분석할 수 있다. PEST 분석은 기업이 제어할 수 없는 영역이면서 시장 전체 변화에 큰 영향을 미치는 거시적인 외부환경을 분석함으로써 기업에 영향을 미칠 수 있는 현재의 외부요인 발견을 발견하고 미래 변화를 예측하여 외부요인을 식별하고 변화(기회)를 이용하며, 외부요인에 기인한 위협의 방어와 신규 시장 잠재력을 평가할 목적으로 실행한다. 이에 반하여 SWOT분석은 기업 내부(조직, 팀, 개인의 역량)의 강점과 약점 및 외부 환경요인인 기회와 위협 요인을 분석·평가하여, 기업 내·외부의 경쟁력을 동시에 판단함으로써 장기적인 전략을 수립하기 위해 실행한다.

〈표 2-6〉 거시환경 분석(PEST 분석) 요인

P	정치/제도 변화 Political and Regulatory Changes	⇨	· WTO, FTA 협상 확산 · 성장전략을 위한 규제 완화 · 저작권 강화 · 방재 및 복지정책	
E	경제요인 Economic Forces	⇨	· 거시환경 지표 · 환율 변화 · 에너지 가격 변화	⇨ 새로운 제품 및 서비스 필요
S	사회/문화 추세 Social-Cultural Trends	⇨	· 여성경제활동과 미혼 증가 · 연구감소, 초고령사회 · 안전추구 심리 확산	
T	기술진보 Technological Advances	⇨	· 인간형 로봇 실용화 · 정보통신기술 발전 · 자연에너지 이용 촉진	

〈표 2-7〉 SWOT 분석 요인

비고	강점(S) (strength)	약점(W) (weakness)	실행 과제
기회(O) (opportunity)	· 탁월한 자질과 능력 · 안정적인 자금조달 · 높은 경쟁적 기술 수준 · 지식재산권 보유 · 낮은 원가율	· 미래 사업방향 부재 · 낙후된 기계·설비 · 관련 산업 분야 평균 이하의 수익성 · 후속, 대체제품 미개발 · 낮은 품질	SO전략(강점-기회) : 우선 추진과제 ST전략(강점-위협) : 우선 적응과제

위협(T)
(threats)
	· 소비자의 신 시장 이동
	· 관련 제품의 다각화
	· 보완, 개선, 모방제품
	  출현
	· 경쟁사 간 담합
		· 새로운 경쟁자의 진입
		  가능성
		· 대체재의 판매량 증가
		· 낮은 시장 성장성
		· 경쟁 압력의 증가
			WO전략(약점-기회)
			: 단기 보완과제
			
			WT전략(약점-위협)
			: 장기 보완과제

2.2.6 제품과 서비스의 발견

제품과 서비스를 발견하는 방법은 ① 주변 사업을 관찰하여 기존 사업모델을 변형하거나 모방하는 방법, ② 관련 산업 분야에서 사업화에 성공한 선두기업의 비즈니스 모델을 복제하는 방법, ③ 해외 동향을 조사하여 국가 간 존재하지 않는 제품과 서비스를 수입하거나 수출하는 방법, ④ 새로운 기술의 등장에 따른 생활변화를 예측하여 선제적으로 대응하는 방법, ⑤ 특정 지역과 특정 인물만이 생산하는 고유한 제품(특산품 또는 부가가치 제품)을 사업화하는 방법 등이 있다.

이미 상용화 되었거나 일반적으로 소비자에게 널리 알려진 제품과 서비스는 일부 기능과 성능 등을 변형하거나 모방하기 용이하고, 관련 분야 선두기업의 제품과 서비스는 후발기업과 차별화되어 경쟁우위를 점하고 있기 때문이며, 지리·문화적 또는 경제적 여건에 따라 국가별로 생산할 수 없는 제품과 서비스가 존재하기 때문이다. 또한 시대흐름을 선제적으로 예측하면 소비자의 욕구를 사전에 파악할 수 있어서 향후 형성되는 시장에 먼저 진입하여 시장점유율을 높일 수 있고, 특정지역 또는 특정인물만이 생산하는 제품과 서비스는 희소성이 있어서 높은 가격에 판매가 가능하기 때문이다.

〈표 2-8〉 제품과 서비스 발견 사례

발견방법	사업화 방법	사례	
		기존 사업모델	적용 방식
주변사업 관찰	변형, 모방	에어비앤비(airbnb)	윔두(wimdu)
		독서실	ING스토리 (작심독서실)
성공모델 복제	복제	우버(Uber)	이지택시 (Easy Taxi)
해외 동향 조사	교환·수입· 수출	중동지역 대추야자열매	국내 수입
		국내 제지(종이)	중동지역 수출
트렌드 변화추이 관찰	예측·선점	휘발유 자동차	전기 자동차 개발

〈그림 2-3〉 제품과 서비스의 발견 사례

※ 출처 - 그랩 홈페이지, 한국제지연합회(2020)

2.3 문제 정의 단계

문제 정의 단계는 공감 단계를 통해 획득한 통찰을 바탕으로 새로운 관점에서 문제를 정확하게 정의하는 과정으로, 문제 인식 및 공감 단계를 통해 확인한 사실 및 문제의 의미를 찾고 수집한 정보를 바탕으로 문제와 관련된 반복되는 패턴과 중요한 문제 요인을 발견하여 문제의 본질을 특정하는 단계이다. 이를 위해 기존 시각과 다른 관점에서 문제의 본질을 탐색하고, 문제 해결을 통해 고객(사용자)에게 가치를 부여할 수 있는지를 확인해야 하며, 고객(사용자) 중심의 사고를 통해 고객(사용자)이 희망하는 방향으로 문제를 해결하려고 해야 한다. 따라서 문제를 정의하기 위해서는 문제가 드러나는 피상적인 현상에 집착하지 않고 문제를 일으키는 근본적인 원인을 파악해야 한다.

2.3.1 5Why 기법

5Why 기법은 1Why → 2Why → 3Why → 4Why → 5Why의 '왜'라는 질문을 연속적으로 5번 이상 던져서 문제 진술의 적정 수준을 결정하는 기법으로, 문제가 무엇인가를 결정하는 과정과 문제의 근본 원인을 파악하는 데 사용할 수 있다. 즉, 5Why 기법은 계속되는 질문을 통해 문제의 실체를 명확하게 파악하고, 파악된 문제를 바탕으로 적정한 문제 해결 방안을

수립하는 데 유용한 기법이다. 다만 5Why 분석 시 질문에 대한 답변은 ① 근거 있고 검증 가능한 답변이어야 하고, ② 5회의 질문과 답변에 그치지 않고 '왜'라는 질문이 나오지 않을 때까지 근본 원인을 파악해야 하며, ③ 사건 또는 사람과 관련된 비난이 없어야 한다.

〈표 2-9〉 5WHY 기법 프로세스

문제 현상 기술		질문과 답변		확신 답변 도출 때까지 질문 반복
문제의 현재 상태를 구체적으로 기술	⇨	5회 이상의 '왜'라는 질문과 답변의 계속	⇨	더 이상 질문이 나오지 않을 때까지 질문과 답변의 반복

〈표 2-10〉 5Why 기법 적용 예시

문제 현상 기술	시내버스의 신호 위반이 증가하고 있다. 해결책은 무엇인가?

질문과 답변	· 1why: 왜 신호 위반을 하는가?
	   – 열악한 근무환경 때문이다.
	· 2why: 왜 열악한 근무환경 때문인가?
	   – 운행시간이 길고 배차 간격이 짧기 때문이다.
	· 3why: 왜 운행시간이 길고 배차 간격이 짧은가?
	   – 버스 업체의 운송 적자가 발생하기 때문이다.
	· 4why: 왜 운송 적자가 발생하는가?
	   – 노선 조정과 버스 요금이 저렴하기 때문이다.
	· 5why: 왜 버스 요금이 저렴한가?
	   – 요금 인상에 민감한 대중교통이기 때문이다.

문제 해결 방안	버스 준공영제 도입을 통한 버스업체의 적자를 보전한다.

2.4 아이디어 도출 단계

다양한 관점을 보유한 사람들과의 협업을 통해, 빠른 시간 내에 가능한 모든 것을 상상하며 대량의 아이디어를 도출하고 이를 구체화시키는 과정으로, 확산적 사고기법을 활용하여 다양한 문제 해결 아이디어를 탐색하고 창출하는 단계이다. 또한 구성원들과 공유하는 아이디어는 논리와 기술적 요소 및 사업화 실현가능성까지 포괄적으로 포함함으로써 문제 해결의 특정 요인을 수용하는 아이디어를 발견할 수 있다.

2.4.1 창의적 아이디어 발상

창의성(創意性)에 대한 사전적 의미는 새롭고 남다른 것을 생각해 내는 성질로서, 전통적인 사고방식에서 벗어나 새롭고 독창적인 것을 만들어 내는 능력을 의미하고, 독창성(Originality) 또는 창조성(Creativity)으로 해석된다. 창의성의 요인에 관한 연구에 의하면, 미국의 심리학자 길퍼드(Guilford)는 창의성에 ① 문제의식에 대한 민감성(Sensitivity to problems), ② 사고의 융통성(Flexibility), ③ 정신적 융통성(Flexibility of mind), ④ 사고의 참신성(Novelty of ideas), ⑤ 평가능력(Evaluation ability), ⑥ 종합분석적 능력(Synthesizing and analyzing ability), ⑦ 개념구조의 복잡성(The complexity of conceptional structure), ⑧ 재구성력, 재정의(定義)(A factor involving reorganization or redefinition)의 여덟 가지 요인이 있음을 주장하였다. 미국 심리학자 매슬로우(Maslow)는 창의성을 ① 개인에게 새로운 가치 경험을 부여하고, 창조의 기쁨을 전달하는 자기실현으로서의 '개인적 창의성'과 ② 새로운 가치를 지닌 발명가와 예술가 및 과학자 등의 특수한 재능인에게서 확인할 수 있는 '사회적 창의성'으로 구분하였으며, 홀만(Hallman)은 창의성은 천재나 과학자 등의 일부 사람만이 독특하게 지닌 특성이 아니라 모든 유아들이 잠재적 또는 실제적으로 보유하고 있는 능력이며 모든 사람들이 보편적으로 구비하고 있는 행동 특성으로서, 주위 환경 등 여러 요인에 의해 얻을 수 있는 능력이라고 정의하였다.

한편 토렌스(Torrance)는 창의성을 발견할 수 있는 단서로서, ① 발견에 대한 흥분, ② 통찰력 있는 관찰과 질문, ③ 스스로 지식을 깨달음, ④ 청취, 관찰, 행위 자체에 대한 깊은 몰입, ⑤ 곤란한 경제 상황 중에도 활기왕성, ⑥ 권위 있는 의견에 대해 의문을 제기하는 경향, ⑦ 치밀한 사물에 대한 관찰력, ⑧ 특별히 연관 없는 생각들 사이의 관계 제시 등의 여덟 가지 행태를 제시하였다.

〈표 2-11〉 창의적 사고의 구성요소

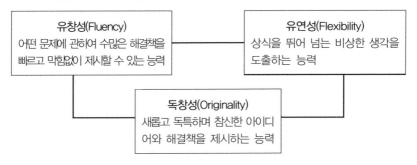

2.4.2 창의적 사고의 필요성

창의적 사고능력을 가진 사람들은 ① 불확실성에 대한 참을성, ② 인내, ③ 기꺼이 모험하려는 도전정신, ④ 스스로에 대한 확신, ⑤ 새로운 경험에 대한 개방성 등의 5가지 특징을 보유하고 있으며, 이러한 특징은 궁극적으로 '기업가정신'의 특성과 일치한다. 또한 창의적 사고를 하기 위해서는 ① 전문성 강화, ② 모순의 양면 해결, ③ 상상력 발휘, ④ 명확한 개념 정리, ⑤ 다양한 지식 활용, ⑥ 아이디어 실행, ⑦ 사고의 유연성 확보 등의 실행과 더불어, ① 고정관념 폐기, ② 부정적 사고 탈피, ③ 선입관 제거, ④ 변화에 대한 저항 포기 폐기, ⑤ 사고의 결핍증 탈피 등을 실천해야 한다.

〈표 2-12〉 창의적 사고능력과 기업가 정신의 특징

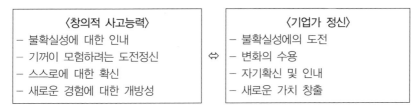

2.4.3 문제 해결 과정의 개념

문제(problem)는 '해답을 요구하는 물음'을 의미하고, 현재 존재하는 것과

앞으로 존재하기를 바라는 이상적인 것과의 차이에서 발생하는 간극이라고 정의할 수 있다. 또한 문제 해결 절차는 문제를 인식하고 원인을 분석해서 해결을 위한 아이디어 등을 도출하여 문제를 풀어가는 일련의 과정을 말하며, 문제 해결을 위해서는 발산적·수렴적 사고 기법 등의 창의적 사고 기법이 필요하다.

한편 발산적 사고 기법은 기존의 지식과 경험에서 벗어나 자유로운 발상을 통해 새로운 아이디어를 도출해 내는 기법이고, 수렴적 사고기법은 기존의 지식 또는 아이디어들을 활용하여 최선의 아이디어를 선별하거나 해결책을 도출하는 기법을 말한다. 즉, 발산적 사고는 창의적이고 새로운 것을 해결하는 방식이고, 수렴적 사고는 기존의 지식과 방식들을 습득하고 정리하며 암기하여 체득화 하는 방식을 말한다.

〈표 2-13〉 발산적 사고 vs 수렴적 사고

발산적 사고		수렴적 사고	
· 창의적 · 독창적 · 생성적 · 확산적	⇨ 현 상황의 개선·혁신 추구	· 논리적 · 분석적 · 비판적 · 초점적	⇨ 현 상황의 지속·안정 추구

2.4.4 창의적 문제 해결 과정

1) 문제의 명료화 – 설계, 해결해야 할 문제를 구체적으로 확인 및 기록

2) 조사와 연구 – 문제 해결에 필요한 관련 정보 조사 및 연구

3) 대안 탐색 – 다양한 문제 해결 아이디어 탐색 및 창출(확산적 사고기법 활용)

4) 최적의 대안 선정 – 다양한 탐색 아이디어 중 최적의 아이디어 선정(수렴적 사고기법 활용)

5) 구체적 계획수립(설계, 재료, 공정 등) – 선정된 최적 아이디어를 반영하여 설계, 필요재료 및 작업공정 계획

6) 모델링(실행) – 계획대로 실행하여 모형 제작, 실제 상황에서 발생하는 문제 대비

7) 평가(시험, 개선점 탐색·수정) – 모형 제작에 따른 문제점 개선, 재설계 등

8) 발표 및 교류 – 활동과정 및 결과 발표, 개선점 토의 및 제품 평가

2.4.5 창의적 문제 해결의 필요성

1) 일반적인 문제해결 방법(심리적 관성, Psychological Inertia)
• 자신의 경험, 지식, 모방 등을 활용한 개량을 통한 문제해결
• 기술 및 영역 수준이 높을수록 경험적, 인지적 방법만으로 해결 불가능
• 시행착오(Trials & Errors)적 방법 – 시간 소모, 우연에 의존한 해결책, 비효율적

2) 창의적 문제해결 방법(Creative Problem Solving)
고정관념을 벗어난 새로운 관점의 접근, 혁신적 사고의 시도 → 창의적 사고(Creative Thinking)

3) 사고방식 유형

① 발산적 사고(생성적, 확산적 사고)
• 다양한 아이디어(대안, 가능성)를 창의적으로 생성해 내는 사고 유형 또는 과정 → 연역적 사고방식
예) 발산적 사고 – 글짓기하면서 생각나는 대로 주제를 많이 적는 것
수렴적 사고 – 다양한 주제 중 1개의 주제를 선택하거나, 2개 이상 주제의 장점을 결합하여 새로운 주제를 만드는 것
• 발산적 사고기법 – 브레인스토밍(brainstorming) 기법, 브레인 라이팅 (brain writing) 기법, 스캠퍼(scamper) 기법, 여섯 색깔 사고모자(six think-ing hats) 기법, 강제결합법, 결부법(synectics)

② 수렴적 사고(비판적, 초점적 사고)
• 제안된 아이디어 가운데 가장 바람직한 방향의 아이디어를 찾아가는

사고 유형 → 귀납적 사고

• 수렴적 사고기법 – 하일라이팅(highlighting) 기법, PMI(Plus, Minus, Interesting) 기법, PPC(Positive, Possibilities, Concerns) 기법, 고든법 (Gordon technique), 트리즈(TRIZ) 기법, 평가행렬 기법

〈그림 2-4〉 발산적 사고 과정 vs 수렴적 사고 과정

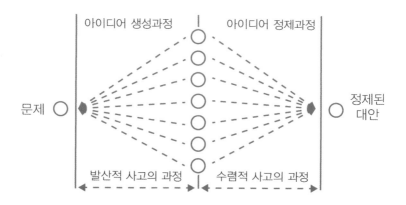

2.4.6 발산적 사고기법

1) 브레인스토밍(brainstorming) 기법

1939년 알렉스 오스본(Alex Osborn)과 동료들에 의해 창안된 아이디어 발상기법으로, "아이디어가 휘몰아친다"는 의미를 가지고 있다. 어떤 구체적인 문제에 대한 해결방안을 생각할 때, 제시된 아이디어의 수준을 고려하지 않고 아이디어에 대한 비판과 판단을 중지하여 머릿속에 떠오르는 대로 아이디어를 도출하도록 하는 방법으로, 단시간 내에 많은 아이디어의 생성을 목적으로 한다. 주로 집단토의 등에서 사용하며 오리엔테이션 → 개별 발상 → 집단 토론 → 평가 순서로 진행한다.

〈그림 2-5〉 브레인스토밍 사례

[브레인스토밍의 기본 원칙]

효과적인 '브레인스토밍'을 진행하기 위해서는 ① 아이디어의 '질'보다 '양'에 치중할 것, ② 제안된 아이디어를 비판하지 말 것, ③ 결합과 개선에 의한 아이디어를 만들 것, ④ 한 번에 한 개의 생각을 얘기할 것, ⑤ 단순한 아이디어를 주제로 선정할 것, ⑥ 그림이나 도식화 할 것(Be visual), ⑦ 제목을 붙일 것, ⑧ 주제에 충실할 것(stay on topic) 등의 전제조건이 참석자들에게 인식되어야 한다.

〈표 2-14〉 브레인스토밍 기본 원칙

〈수평적 사고의 원칙〉
• 사물을 보는 다양한 방법을 찾아낼 것
• 강한 수직적 사고의 통제에서 벗어날 것
• 우연한 기회를 활용할 것

〈발산 및 수렴 과정의 분리〉
• 아이디어의 생성과 판단은 동시에 할 수 없다
• 우선 생성에만 주력하고 그 이후에 판단한다

〈브레인스토밍의 전제조건〉
• 판단 유보(비판 금지/자유로운 분위기)
• 애매모호함에 대한 인내 및 의견에 대한개방성
• 질보다 양(결합 및 개선)
• 발산과 수렴 과정 분리

2) 캐치볼(Catchball)기법

아이디어 개선을 위해 일본에서 개발한 발상기법으로, 참여 집단 내 참가자가 초기 아이디어(주제)를 제시하고, 참여 집단 내 다른 참여자가 제시된 아이디어를 캐치 후 개선하여 개선된 아이디어를 제시하면, 또 다른 참가자가 개선된 아이디어를 캐치하여 추가 개선된 아이디어를 제시하는 과정을 반복하는 방법이다. 즉, 야구에서 선수들이 서로 공을 던지고 받고 하는 연습을 하듯이 아이디어를 참가자들이 주고 받는 것이다.

〈표 2-15〉 캐치볼 기법 프로세스

3) 브레인 라이팅(brain writing) 기법

독일 호리겔이 개발된 아이디어 창출 집단 발상법으로, 침묵 속에서 진행되어 개인 사고의 특징을 최대한 살릴 수 있는 장점이 있고, 자기 주장을 내세우기 꺼리는 사람들의 아이디어도 취합할 수 있다는 점에서 많은 구성원들로 이루어진 기업에서 흔히 사용하고 있다. 즉, 참석자 중 내성적인 사람이 많은 경우, 공개적인 아이디어 발표가 어려운 경우, 참석자가 너무 많을 경우, 신속하게 많은 아이디어를 생성하고자 할 경우 사용하기 용이하다. 진행방법은 참가자 집단을 5~6명 단위 소그룹으로 분류한 뒤, 소그룹별로 주제가 기재된 용지를 분배하여 주제와 관련된 아이디어를 기재토록 하고, 다른 소그룹 아이디어 용지와 교환하여 다른 참가자가 기재한 아이디어에 추가 아이디어를 기재토록 하는 과정을 아이디어가 고갈될 때까지 실시한다.

※ 출처 - 기쁨해 능력개발원

4) 스캠퍼(scamper)기법

알렉스 오스본이 창안한 스캠퍼(SCAMPER)기법은 Substitute(대체하기), Combine(결합하기), Adapt(응용하기), Modify-Magnify-Minify(수정·확대·축소하기), Put to other uses(용도 변경하기), Eliminate(제거하기), Rearrange-Reverse(재배치·거꾸로 하기)의 7가지 항목에 해당하는 단어의 첫 글자를 따서 만든 발명 기법으로, 기존 형태 또는 아이디어를 다양하게 변형시키는 발명 사고기법이다. 즉, 미리 문제 해결의 착안점을 정해놓고 그에 따라 다각적인 사고를 실행함으로써 새로운 아이디어를 얻는 기법으로, 기존 제품의 개선 또는 신제품 제작 시 유용하다.

〈표 2-16〉 스캠퍼 기법 내용 및 예시

구분	내용	사례
Subsitute (대체하기)	기존의 성분, 재료, 과정 등의 새로운 것으로 대체	전단지 → 배달 앱 부동산 중개사무소 → 중개 앱
Combine (결합하기)	기존과 다른 요소, 콘셉트, 목적 등의 결합	인터넷+TV → IPTV 복사+팩스 → 복합기기
Adapt (응용하기)	다른 분야의 조건이나 목적에 맞게 응용 또는 조정	식물 씨앗 부착 → 밸크로(찍찍이) 온도계 → 체온계

Modify (변형하기)	기존 제품의 형태, 색, 무게, 의미 등의 새로운 수정, 확대, 축소	바람개비 → (확대)풍차 컴퓨터 → (축소)아이패드
Put to other uses (다르게 활용하기)	기존의 것을 전혀 다른 용도 및 다른 상황에서 사용	솥뚜껑 → 고기불판 아기 기저귀 → 요실금 팬티 혈압약 → 성기능개선제(비아그라)
Eliminate (제거하기)	기존 것의 일부 제거를 통한 새로운 것 생성	날개 없는 선풍기, 컨버터블 자동차
Rearrange/Reverse (뒤집기, 재배열)	주어진 것의 순서나 모양 등의 변경 또는 재배열	누드 김밥, 후납(後納) → 선납(先納)

〈그림 2-7〉 스캠퍼 기법 사례 - 응용하기, 제거하기, 대체하기, 결합하기

※ 출처 - 에듀넷티

5) 강제결합법(forced connection method)

전혀 관계없어 보이는 두 가지 이상의 아이디어 또는 사물을 강제로 연관시켜 새로운 무엇인가를 창출하는 발명기법으로, 전혀 연관성이 없어 보이는 대상을 억지로 결합함으로써 발상을 전환시키는 기법이다. 예를 들어, 밥과 햄버거를 결합한 밥버거, 짜장라면과 너구리라면을 결합한 짜파구리, 녹차에 띄우는 꽃잎 등이 있다.

〈그림 2-8〉 강제결합법 예시

※ 출처 - dispatch

6) 여섯 색깔 모자(six thinking hats) 사고기법

에드워드 드 보노(Edward de Bono)가 개발한 발상기법으로, 참석자들이 여섯 가지 다른 색 모자를 쓰고, 자신이 쓰고 있는 모자 색깔이 의미하는 유형의 사고를 하도록 하는 기법이며, 파란 색깔 모자는 목표와 순서 및 규율 등을 선정하고 결론과 요약하는 사고, 흰색 모자는 중립적이고 객관적인 정보와 사실의 사고, 빨간 모자는 감정과 느낌 및 직관과 육감에 의지하는 사고, 노란 모자는 긍정적이고 희망적인 측면의 사고, 검은 모자는 부정적 판단과 실패할 만한 이유와 잠재된 위험 요소에 대한 사고, 초록 모자는 창의적 아이디어와 새로운 해결책에 대한 사고를 담당하여 각자 아이디어를 제시한다.

〈표 2-17〉 여섯 색깔 모자 사고 기법 유형 및 역할

유형	사고	역할
파란 모자	목표, 개관, 순서, 규율 선정, 결론 및 요약	회의방향 설정, 회의 주재자, 의장 혹은 리더
흰색 모자	중립적이고 객관적인 정보와 사실	우리가 가지고 있는 정보는 무엇인가? 우리는 어떤 정보를 필요로 하는가?
빨간 모자	감정, 느낌, 직관, 육감	이 일은 위험 부담이 있는 모험이라고 느껴진다. 이 사람이 적임자로 생각된다.

노란 모자	긍정적 측면. 희망적 측면	그 제안의 긍정적인 가치가 무엇인가? 어떤 상황에서 가치가 있는가?
검은 모자	부정적 판단. 실패할 만한 이유. 잠재된 위험 요소	잠재적인 문제점은 무엇인가? 무엇이 잘못될 수 있는가?
초록 모자	창의적 아이디어. 새로운 해결책	개선방안은 무엇인가? 새로운 대안을 찾아보자. 전혀 다른 방법을 시도하자.

7) 트리즈(TRIZ)기법

트리즈(TRIZ; Teoriya Reshniya Izobretatelskikh Zadatch)기법은 문제 상황에 관한 최선의 결과를 상정하고, 그러한 결과를 얻는 데 방해가 되는 모순을 탐색하여 그것을 해결할 수 있는 방안을 모색하는 아이디어 발상 기법으로, 구 소련의 겐리히 알츠슐러(Genrich Altshuller)가 1946년부터 1963년까지 약 20만 건의 러시아 특허자료를 연구 및 분류하여 혁신적인 기술 발전을 이룰 수 있는 사고방법론(thinking method)과 표준해법(standard solution)을 도출함으로써 개발되었다. 트리즈기법은 '발명 문제 해결이론'임과 동시에 '창의적 문제 해결 방법론'으로서, 문제 해결을 위한 새로운 발상을 돕는 기술의 벤치마킹 기법 및 도구이다. 또한 창의적 문제(Inventive Problem) 은 여러 가지 문제 유형 중 '최소한 1개 이상의 (기술적) 모순을 내포하고 있으며, 그 해결방법이 아직 알려져 있지 않은 문제'를 의미하고, 창의적 문제를 해결하였을 때, 혁신적인 문제 해결 달성이 가능하다.

[트리즈(TRIZ)기법 vs 브레인스토밍(brainstorming)기법]

트리즈기법은 문제점을 유형별로 분석하고 거기에 맞는 대답을 자신의 영역으로 끌어들이는 기술만 있으면 되기 때문에, 기본적인 발명의 해결책을 찾아내는 데 있어서는 아주 과학적이고 합리적이다. 즉, 트리즈기법의 장점은 문제를 찾아내는 데 있어서 영역을 초월하는 것으로, 예를 들어 물리학 분야 종사자는 물리학적 부분에서만 문제의 실마리를 찾으려고 함으로써 발상의 한계에 부딪히지만, 트리즈기법을 활용하면 문제 해결의 단서를 다른 분야에서 발견할 수도 있다. 이에 반하여 브레인스토밍은 참석자만을 대상으로 해결 방안을 찾으려고 하기 때문에, 해결 방안이 도출되지 않을 수도 있다는 문제가 있다. 즉, 회의 참석자들의 아이디어만을 대상으로 하기 때문에 참석자들이 해결책을 찾아내지 못하면 그것으로 종료된다. 따라서 브레인스토밍을 진행할 경우 참석자 선정이 매우 중요하다.

〈표 2-18〉 트리즈기법 vs 브레인스토밍기법 차이점

비교 영역	트리즈	브레인스토밍
출발점	자연과학 분야(공학)	마케팅 분야
필요 지식	자연과학 지식	사회과학 지식
아이디어 비교	양 < 질	양 > 질
사고 패턴	과학적, 논리적, 단계적, 유사성	직관, 자유 참여, 논리의 도약, 사고 발상
아이디어 발상	개별 발상	집단 발상
아이디어 재료	특허분석에서 도출된 발명원리	개인보다 집단지식이 우월
훈련 방법	기술, 과정, 데이터의 종합	4원칙
사고 방향	원리 이상 추구	무 방향(한계 없음)
학습 시간	수 시간	규정 시간 내

〈표 2-19〉 트리즈 기법의 40가지 발명 원리

발명원리	내용	사례
1. 분할(Segmentation, Division)	쪼개어 사용한다.	짬짜면 그릇, 길이조절용 호스
2. 추출(Taking out, Extraction)	필요한 것만 뽑아 쓴다.	조류퇴치용 기계(천적소리 녹음)
3. 국소적 성질 (Local Quality)	전체를 똑같이 할 필요 없다.	다기능 공구, 지우개 부착 연필
4. 비대칭(Asymmetry)	비대칭으로 바꾼다.	앞/뒤 바퀴크기가 다른 지게차
5. 통합(Consolidation, Merging)	한 번에 여러 작업을 한다.	냉수 분사 절삭기계(열 식힘)

6. 다용도(Universality)	하나의 부품을 여러 용도로 사용한다.	맥가이버 칼, 치약/칫솔(청소)
7. 포개기(Nesting)	안에 집어넣는다.	등산 코펠, 길이 조절용 낚시대
8. 공중부양 (Counterweight)	지구 중력으로부터 무게를 회피한다.	건설용 기중기, 헬륨가스 주입 풍선
9. 사전반대조치(Prior Counter Action)	미리 반대 방향으로 조치를 취한다.	페인트칠 전 테이핑, 용광로 열 반사 의류
10. 사전조치(Preliminary Action)	미리 조치한다.	풀칠 된 벽지, 수술 전 살균
11. 사전예방조치 (Preliminary Compensation)	미리 예방조치를 한다.	예비 낙하산, 도난방지 택
12. 높이 맞추기 (Equipotentiality)	위치(position) 변화를 제한 한다.	자동차 하부수리용 작업터널
13. 역방향(Do It Reverse)	반대로 해본다.	런닝머신, 상/하 뒤집는 후라 이팬
14. 곡선화(Curvature Increase)	직선을 곡선으로 바꾼다.	곡선형 책상 모서리, 컴퓨터 마 우스
15. 자유도 증가 (Dynamicity)	부분/단계마다 자유롭게 움직인다.	조정 가능 의자, 거울
16. 초과 또는 과부족 (Partial or Excessive Actions)	지나치게 또는 부족하게 시 도한다.	이미지 압축기술
17. 차원변화(Dimension Change)	X 또는 Y축 등으로 차원을 바꾼다.	덤프트럭(기울기 이용)
18. 기계적 진동 (Mechanical Vibration)	진동을 이용한다.	유압 헤머, 초음파 결석 파쇄
19. 주기적 작용 (Periodic Action)	연속적으로 하지 않고 주기 적으로 한다.	알람, 땅파는 전동 헤머
20. 유익한 작용의 지속 (Continuity of Useful Action)	유용한 작용을 쉬지 않고 지속한다.	용지 공급 중 인쇄
21. 고속 처리 (Rushing Through)	유해하다면 빨리 처리한다.	고속회전날 부착 플라스틱 절 단기계

22. 전화위복 (Convert Harmful to Useful)	유해한 것을 유익한 것으로 바꾼다.	폐자재 재활용, 산불 시 맞불
23. 피드백(Feedback)	피드백을 도입한다.	잠수함 탐지용 소나
24. 중간 매개물 (Intermediate)	직접 하지 않고 중간 매개물을 이용한다.	못 박는 보조기구
25. 셀프서비스 (Self-service)	스스로 기능이 수행되게 한다.	온천수 이용 난방(비닐하우스)
26. 복제(Copying)	불편하고 복잡하며 비싼 것 대신 간단한 것으로 복제한다.	차량 성능 테스트용 더미
27. 값싸고 짧은 수명 (Cheap Short Life)	한번 쓰고 버린다.	일회용 생활용품
28. 기계 시스템의 대체 (Replacing Mechanical System)	기계적 시스템을 광학/음향시스템 등으로 바꾼다	자기장을 이용한 자기부상 열차
29. 공압식 및 유압식 사용 (Pneumatics and Hydraulics System)	공기나 유압을 사용한다	겔로 채워진 신발 밑창
30. 유연한 필름 또는 얇은 막(Flexible Membrance and Thin Films)	얇은 막 또는 필름을 사용한다.	물침대, 도포용 과일 산화방지제
31. 다공성 물질 (Porous Materials)	미세한 구멍을 가진 물질을 사용한다.	스펀지, 탈취용 숯
32. 색깔 변화 (Changing Color)	색깔 변화 등 광학적 성질을 변화시킨다.	투명붕대, 사진 인화용 암실
33. 동질성 (Homogeneity)	같은 재료를 사용한다.	다이아몬드 절삭용 다이아몬드 부착기계
34. 폐기 및 재생 (Rejection and Regeneration)	다 쓴 것은 버리거나 복구한다.	녹는 알약 캡슐
35. 속성 변화 (Parameter Changes)	물질의 속성을 변화시킨다.	액체화된 일회용 라이터 가스
36. 상태 전이(Phase Transformations)	현재의 상태를 다음 상태로 변화시킨다.	물과 얼음(부피팽창 – 바위절단)
37. 열팽창(Thermal Expansion)	물질의 팽창과 수축을 이용한다.	철도 연결부위 틈새, 닫힌 뚜껑 가열

38. 산화 가속 (Use strong Oxidizers)	산화도를 증가시킨다.	고압산소 – 살균, 잠수용 산소통
39. 불활성 환경 (Inert Envirionment)	불활성 환경을 바꾼다.	진공포장(부패방지), 불소포장 (파손방지)
40. 복합 재료 (Composite Materials)	단일 재질을 복합 재질로 바꾼다.	스마트폰 액정 우주선 – 합금복 합체

[트리즈(TRIZ) 발명원리 적용 사례]

〈그림 2-9〉 다용도(6번) 및 비대칭(4번) 적용 예시

※ 출처 – 네이버 블로그(ucar_blog), (kangsul0_0)

8) 아시트(ASIT, Advanced Systematic Inventive Thinking) 분석

TRIZ 기법에서 파생한 기법으로 1980년대 이스라엘 로니 호로위츠 박사팀이 개발한 창의력 사고기법이며, TRIZ의 40개 원리를 용도변경, 복제, 분할, 제거, 대칭파괴의 5가지로 정리하였다. 즉, 본래의 용도를 바꾸거나 새로운 방법의 적용(용도변경), 문제 안의 유사한 구성요소의 복제 또는 추가(복제), 문제 안의 구성요소 중 하나를 여러 개로 나누거나 재배치(분할), 문제 안의 구성요소 중 한 개 또는 그 이상의 제거(제거), 문제 안의 대칭관계 파괴(대칭파괴)의 방법을 사용하여 문제를 해결하는 기법이다.

〈그림 2-10〉 용도변경 및 제거 적용 예시

※ 출처 – 네이버 블로그(ucar_blog), (kangsul0_0)

2.4.7 수렴적 사고기법

1) 하이라이팅(highlighting) 기법

생성된 아이디어 중 적정하다고 판단된 아이디어를 선정한 뒤, 공통적인 측면 또는 요소에 따라 묶은 뒤(적중영역, hot spot), 묶인 적중영역을 문제 해결에 적합한 형태로 재진술하는 기법이다. 즉, 적중영역에 포함된 아이디어의 의미를 재검토하여 문제 해결에 가장 적정한 적중영역을 선택한다.

〈표 2-18〉 하이라이팅 기법 적용 예시

생성 아이디어	적중영역	문제 해결 아이디어
휴대폰 개선점	하드웨어	방수/빔 프로젝트 기능 추가, 그립감 강화 등
	소프트웨어	음주 측정/동공 및 음성 인식 기능 추가 등
	편의성	스캐너/리모콘 및 자동 WIFI 인식 기능 추가 등
	사용 환경	태양열 충전 및 블랙박스 기능 추가 등

2) PMI(Plus, Minus, Interesting) 기법

아이디어를 찾고자 하는 특정 대상의 장점(P), 단점(M), 흥미로운 점(I)을 따져 본 뒤, 이들 각각을 분석하고 판단하여 최선책을 찾는 발명 기법으로, 각각의 아이디어를 집중적으로 분석할 때 간단하면서 효과적으로 활용할 수 있는 발상 기법이다. 장점을 논의할 때에는 장점만, 단점을 논의할 때에는 단점만 집중적으로 논의하며, 모든 분석이 종료된 뒤 결과를 취합하여 판단한다.

〈그림 2–11〉 PMI 기법 적용 예시

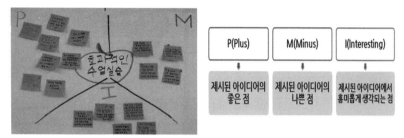

※ 출처 – 경인교대 교육실습협력학교(2019), 영진전문대 컴퓨터정보(2017)

3) PPC(Positive, Possibilities, Concerns)기법

선명한 장>단점을 구분하기 어려운 아이디어에 대해 긍정적인 면(P), 가능성이 있는 면(P), 염려스러운 면(C)으로 구분하여 대화하는 기법으로, 아이디어에 대해 동의하기 어렵거나 또는 미심쩍은 생각이 들거나, 본인이 싫어하는 아이디어를 다뤄야 할 때 유용하게 활용할 수 있다. PPC 기법은 너무 성급하거나 극단적인 판단을 예방할 수 있고, 아이디어의 모순점을 보완하여 문제해결을 위한 완벽한 계획을 수립할 때 유용하다.

〈표 2–20〉 PPC 기법 적용 방법

구분	설명
P(Positive)	제안된 아이디어의 긍정적인 부분을 칭찬
P(Possibilities)	제안된 아이디어가 어떤 상황에 구체적으로 응용될 수 있는가를 항목별로 작성
C(Concerns)	제안된 아이디어의 불안한 부분을 제거하는 방안을 모색

4) 고든법(Gordon technique)

윌리엄 고든(William G. Gordon)에 의해 창안된 발명 기법으로, 문제에 대한 광범위한 접근에서 얻어진 해결책을 문제와 직접 연관시킴으로써 구체적인 해결책을 강구하는 방법이다. 브레인스토밍 기법과 다르게 문제(해결

과제)를 바로 제시하지 않고, 그 문제와 직접적인 관계가 없는 멀고 폭 넓은 추상적인 문제를 제시하는 것부터 시작하며, 연구 주제를 사회자 혼자만 알고 참가자들에게는 비밀로 하면서 사회자가 자유롭게 진행을 이끌어 가는 방식이므로 리더가 유능하고 참가자들도 훈련되어 있을 때 매우 효과적이다.

〈표 2-20〉 고든법 적용 예시

실제 문제(해결 과제)		고든법의 주제(제시 주제)
유리창 닦기	⇨	격려하기
자동차		운반하다
쓰레기통		담기

5) 만다라트(Mandal-Art)기법

MANDA LA의 '목적을 달성한다'와 MANDA ART의 '목적을 달성하는 기술'의 결합용어로, 연꽃 기법에 사용하는 차트가 불교의 만다라(mandala)와 유사한 형태를 가짐에 따라 만다라트(Mandal-Art)기법으로 불리우며, 인간의 두뇌 활용을 극대화하는 사고 및 학습 기법이다. 특히 일본 야구 선수 오타니 쇼헤이가 적용하여 화제가 되었다. 하나의 주제에 대한 다양한 하위 주제를 설정하여 아이디어를 확산함으로써, 다양한 측면에서 아이디어와 문제해결을 위한 대안을 찾을 수 있고, 기존 기술과 제품의 응용방법 도출 또는 가상의 미래 시나리오 작성 시 도움이 된다.

〈그림 2-12〉 만다라트 기법 적용 예시

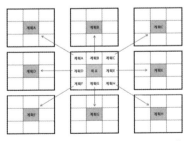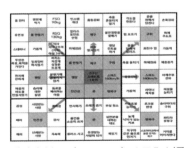

※출처 - 네이버 블로그(worldgasu), 스포츠 닛폰

6) 5단계 발상법

제임스 영(James Webb Young)이 개발한 문제 해결 기법으로, 문제의 본질을 인식한 뒤 문제 해결에 필요한 다양한 기존의 아이디어들을 조합해서 해결책을 만들어 내는 기법이며, 5단계 발상법의 특징은 선별된 아이디어를 객관화하는 숙성과정을 가진다는 점이다. 아이디어는 섭취 → 소화 → 부화 → 조명 → 증명의 과정을 통해 발상된다.

① 섭취: 다양한 자료와 정보를 수집하고 정리하는 단계

② 소화: 수집된 자료와 정보를 자신의 목표와 콘셉트를 기준으로 선별하고 조합하는 단계

③ 부화: 문제에서 벗어나 객관성을 갖고 문제를 인식하는 단계(휴식기 − 아이디어에서 물러나서 객관적으로 검토)

④ 조명: 숙성을 거친 후 최종 아이디어 창출 단계, '번쩍' 순간적으로 아이디어가 떠오르는 단계

⑤ 증명: 선택한 아이디어가 목표와 콘셉트에 부합하는지 평가 검토하는 단계

2.4.8 역발상

역발상은 어떤 생각과 반대로 또는 거꾸로 생각해 내는 일을 의미하고, 기존 사고체계와 다르게 생각한다는 점에서 창의적 사고의 개념과 유사점을 갖는다. 일반적인 사고방식과 다르게 생각하고 그 생각을 실행하여 고객의 신뢰와 구매만족도를 높인 역발상 사례는 실생활 속에서 쉽게 발견할 수 있는데, 흠집이 있는 사과를 '새가 쪼아 먹은 사과가 더 맛 좋은 사과'라고 스토리텔링(storytelling)하여 높은 가격에 판매한 사례가 있고, 로비를 1층이 아닌 최상위층인 41층에 조성하여 고객의 만족도를 높인 호텔도 있으며, 방문고객의 신발이 분실될 경우 전액 배상하겠다고 공지하여 신뢰를 획득한 음식점도 있다. 또한 터키의 농부는 꿀을 훔쳐 먹는 야생 곰을 이용하여 자신이 양봉하는 꿀의 우수성을 홍보하기도 했다.

〈표 2-21〉 역발상 예시

고정관념	역발상
새가 쪼아 먹은 사과 (흠결 사과 = 낮은 가격)	새가 쪼아 먹은 사과 (맛있는 사과 = 높은 가격)
태풍으로 인해 다수의 사과 낙과 (낙과하지 않은 소수의 사과 = 낮은 상품성)	태풍에 떨어지지 않은 소수의 사과 (떨어지지 않는 합격 사과 = 높은 상품성)

〈그림 2-14〉 역발상 사례 - 새가 먹은 사과, 곰이 좋아하는 꿀

새가 쪼아먹은 사과 2012.12.04
사과 재배하시는 분들께서는 "경성인회석"을 체험해 보셔요~!! ^^ (사과가 맛있어서 새가 많이
쪼아먹었네요. 실제 먹어보니 너무 달고 맛있어서 새가 쪼아 먹을만...
blog.naver.com/

※ 출처 - 네이버 블로그(yn6299), 티스토리(angtalbadung)

2.4.9 창의적 문제 해결 6단계 방법론

창의적 문제 해결 과정(CPS, Creative Problem Solving Process)은 알렉스 오스본(Alex Osbone)과 시드 파네스(Sid Parnes)가 만든 6단계 창의적 문제 해결법으로, 학문적으로 '문제의 이해, 아이디어 산출, 행동 계획 및 실행의 3단계를 거치면서 수렴적 사고와 확산적 사고가 작용하여 창의적·생산적 사고가 일어나는 문제 해결 과정'으로 정의하고 있다. 즉, 문제 해결을 위해서는 정보를 습득하고, 습득한 정보를 바탕으로 문제를 발견하여, 그 문제를 해결하기 위한 독창적이고 다양하며 타당한 해결방법을 찾아내는

능력이 필요하고, 다양한 사고를 통해 그 문제 해결을 위한 다양한 접근법을 모색해가는 과정이 창의적 문제 해결 과정이다.

1) 1단계 – 문제 영역 정립

① 시장조사 및 고객요구(needs) 파악 → 문제 제기의 원천: 고객

② 생산할 제품 특성 확인 → 디자인, 기능, 가격 등

③ 주요 경쟁사들의 제품, 서비스, 경영전략 등 벤치마킹(Bench Marking)

④ 제품에 영향을 미치는 법규, 인증, 산업표준, 환경규제 등 제한 조건 고려

2) 2단계 – 아이디어(개념 설계안) 창출

① 구체적인 개념화(개념설계안) 도출 → 스케치, 그림, 도면, 도식화 등
　(개념화 – 새로운 아이디어에 대한 구체적인 모형화(Modeling))

3) 3단계 – 아이디어(개념설계안) 분석 및 평가

① 개념설계안 분석, 평가

② 개념설계안 분석, 평가 – 비용, 성능예측을 위한 수학적 모델과 해석 사용

③ 설계사양 초기 기준과 개념설계안 비교

4) 4단계 – 아이디어 판단

모형화된 개념설계안을 구체적으로 분석/평가 후 개선, 제품개발, 서비스, 신사업 발굴, 사업화를 위한 구체화된 아이디어 판단 → 사업 타당성 분석

5) 5단계 – 아이디어 실행

① 아이디어 실행단계 → 현장 공정개선, 신제품 개발, 창의적 서비스활동, 비즈니스 모델에 대한 사업수행

② 생산 전 제품설계 시 목업(Mockup) 제작 및 테스트 선행 → 디자인 목업, 진행 목업

6) 6단계 – 문제 해결

생산 전 최종 시제품(prototype) 제작 및 현장 테스트

2.4.10 신규 아이디어 도출 방법

새로운 아이디어를 도출할 때 참고해야 할 점은, 아이디어가 반드시 독창적이고 참신해야만 성공하는 것이 아니라는 점이다. 즉, 기존 아이디어의 보완 및 수정 또는 제품 수요국가 간 경계의 초월, 성공한 아이디어의 복제 및 개선, 제품 본래의 용도를 찾아 주는 방법 등으로도 충분히 아이디어도출이 가능하다.

2.4.10.1 사용자의 불편함에서 발견

아이디어를 도출하기 가장 쉬운 방법은 사용자의 불편함을 발견하여 개선하는 것이다. 즉, 고객(사용자)이 심리적 또는 신체적(기능적)으로 느끼는 불편함을 개선하는 방법이다.

〈표 2-22〉 불편함 개선 예시

복사/인쇄/스캔	⇨	기능적 불편함	⇨	복합기
		복사기, 프린터기, 스캔기기 별개 구입		
튀김기 MSG 구강청결제	⇨	심리적 불편함	⇨	에어 프라이어 MSG 무첨가 제품 무색소 구강청결제
		비만, 질병유발, 소화 장애, 색소첨가 등		

〈그림 2-15〉 불편함 개선 사례

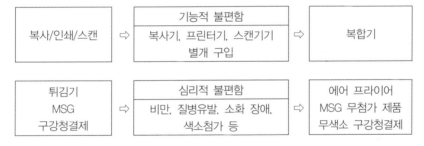

※ 출처 – daum 카페(bebemam1004), 네이버 블로그(wldmssnla1)

2.4.10.2 본래 용도 이외로 사용되는 제품 개선

본래의 사용목적 이외로 사용되는 제품과 서비스를 개선하는 방법은 새로운 시장 창출이 가능하고, 전용제품의 탄생에 따른 시장점유율을 높일 수 있는 장점이 있다.

〈표 2-23〉 용도 이외 적용 예시

호떡+종이컵 미용실+스펀지 얼굴 붓기+숟가락	⇨	**본래 용도** 종이컵: 음료보관, 음용 스펀지: 공업용, 충격흡수 등 숟가락: 식사도구	⇨	종이컵: 호떡집게 대용 스펀지: 머리카락 털이 숟가락: 얼굴 붓기 제거

〈그림 2-16〉 용도 이외 사용 사례

※ 출처 - 다음 블로그(djtjfvmstlaaksl), 네이버 블로그(wkfskscjsu)

2.4.10.3 기존 제품과 서비스의 단점 개선

기존 제품과 서비스의 기능과 디자인적 단점 또는 적용방식을 개선하는 방식의 아이디어 도출은 쉽고 문제 해결 가능성도 높다. 즉, 다른 관점에서 기존 제품과 서비스의 기능과 적용방식을 관찰하여 단점을 개선하는 방식이다. 고객(사용자)는 이미 기존 제품과 서비스의 기능과 방식에 익숙해져 있기 때문에 단점을 수용하고 불편함을 인내한다. 따라서 새로운 아이디어의 도출은 이미 출시되어 판매되고 있는 기존 제품과 서비스의 장·단점을 파악하는 단계에서 출발해야 한다.

<표 2-24> 제품 개선 사례

기존제품의 단점		개선방향		개선제품
여러 단계 바르는 번거로운 화장품		1회 사용		올인원 화장품
휴대/보관이 불편한 고체 키보드	⇨	유연화(Flexible)	⇨	말아서 보관하는 플렉시블 키보드
일자형 젓가락에 서툰 유아용 젓가락		고리 부착		고리 부착 유아전용 젓가락

2.4.10.4 가용자원 한계 내 개발

문제 해결을 위한 아이디어는 고객(사용자)가 보유한 자원(자금, 인력, 시간, 협력자 등)의 한계를 초월해서는 안된다. 즉 문제 해결에 집중하여 개선 또는 개발이 불가능한 아이디어를 도출하지 말아야 한다. 가용자원의 한계 때문에 아이디어의 구현 가능성이 낮기 때문이다. 따라서 가용자원을 초과하는 혁신적인 아이디어가 있다면, 아이디어 보유자가 개발하는 방법보다 개발 가능한 자원을 보유한 기업 등과 협업하거나 판매하는 방법이 더 유용하다. 또한 아이디어의 도출 한계를 스스로 한정하면, 한정된 한계 내의 아이디어가 발상되므로 의도적으로 가용자원 내로 발상 수준을 제한하여 현실적인 아이디어를 도출할 필요가 있다.

<표 2-25> 가용자원 내 아이디어 도출 방법

보유자원		진행 방안		진행 결과
가용자금(1,000만원)	⇨	1,000만원 이내 아이디어 도출	⇨	아이디어 사업화
도출된 아이디어 (자동차 엔진 관련)		아이디어 판매 or 협업 제안 (자동차 엔진 제조회사)		판매수익 or 협업 개발

2.4.10.5 관심도가 낮은 산업 분야 관찰

대중의 관심도가 낮은 산업 분야는 경쟁자가 적고 새로운 아이디어를 적용할 수 있는 기회가 많다는 장점이 있다. 따라서 경쟁력 있는 아이디어 도출을 희망한다면 낮은 학력의 사업자가 종사하는 산업 분야와 과거에 유행했던 산업 분야에 관심을 가져야 한다. 떡볶이, 튀김, 호떡, 토스트 등의 길거리 음식이 프랜차이즈로 개발되어 브랜드를 갖게 된 이유도, 경쟁자들이 첨단산업과 현재 유행하고 있는 산업에 집중할 때, 관심 분야를 전환하여 시장을 선점했기 때문이다.

〈표 2-26〉 시장의 변경

레드오션(Red Ocean)		관심분야 전환		블루오션(Blue Ocean)
· 현재 유행 제품/서비스 · 경쟁자의 관심이 많은 분야	⇨	· 디지털 제품 → 아날로그 제품(방식변경) · 경쟁 → 독점(시장변경)	⇨	· 시장점유율 확대 · 낮은 경쟁률

2.4.10.6 다른 산업 분야의 기술과 방식 차용

땅속에 묻어서 김치를 장기 보관하던 김칫독의 원리를 이용한 김치냉장고와 투과력이 높은 적외선의 특성을 활용한 바비큐기기 등은 다른 산업 분야에서 적용하고 있던 기술과 방식을 차용하여 제품화한 사례라고 할 수 있다. 이와 같이 다른 산업 분야에서 적용하고 있는 원리를 문제 해결을 위한 아이디어 발상에 적용하면 경쟁력 있는 아이디어를 도출할 수 있다. 따라서 아이디어를 구상할 때 이미 보편적으로 인식되거나 적용되고 있는 기술과 방식을 의도적으로 다른 분야에 대입하는 시도를 멈추지 말아야 한다.

〈표 2-27〉 방식과 기술의 차용

다른 산업 분야 적용 기술, 방식		진입하려는 산업 분야 적용
공장 온도측정용 적외선 김칫독	⇨	적외선 전기그릴 김치냉장고

2.4.10.7 사물과 현상을 역발상하여 관찰

새로운 아이디어는 다른 사람과 다르게 사고(思考)하고, 다른 각도로 사물을 바라볼 때 발상된다. 다른 사람이 만든 방식과 논리에 함몰하면 사고(思考)의 범위를 확장할 수 없다. 그러므로 다른 사람의 방식과 논리를 뒤집어서 다르게 생각할 필요가 있다. 동물원을 동물 관점을 적용하여 리모델링함으로써 만성 적자에서 흑자로 전환한 일본 아사히야마 동물원 사례와 태풍에도 떨어지지 않은 사과를 수능 합격사과로 스토리텔링하여 성공적으로 판매한 일본 아오모리현 사례는 역발상의 아이디어가 적용되었기 때문에 가능하였다.

〈그림 2-17〉 역발상 사례

※ 출처 - 다음 블로그(happyprince10/12797279)

2.5 프로토타입(시제품) 제작 단계

프로토타입 제작 단계는 머릿속의 추상적인 아이디어를 가능한 빠른 시간 내에 견본 또는 시제품으로 제작하여 경제적, 직관적, 시각적으로 구체화하는 과정이다. 즉, 낮은 완성도의 그림 또는 목업(Mockup) 등을 쉽고 빠르게 저렴한 비용으로 다수 만들어서 아이디어의 완성도를 높이는 과정이며, 모호하고 추상적인 아이디어의 현실화를 통한 실패를 경험하는 단계이다. 이에 따라 프로토타입 제작은 당사자 간의 의사소통에 기여하여 협업 등에 도움이 되고, 기억의 한계를 극복하여 아이디어를 발전시키는 데 유용하다.

2.5.1 프로토타입 제작 원칙

프로토타입은 아이디어의 구현과 실현 가능성을 테스트하고, 초기 아이디어를 보완하는 추가적인 아이디어를 얻기 위해 제작한다. 이에 따라 프로토타입은 ① 빠르고 단순하게 적은 비용으로 제작해야 하고, ② 제작된 프로토타입에 몰입하지 않고 폐기하거나 변경할 수 있어야 하며, ③ 새로운 아이디어가 반영되어 반복적으로 제작되어야 한다. 또한 ④ 프로토타입 제작기간을 한정하여 결과물에 대한 몰입도를 높이고, ⑤ 프로토타입의 개선이 본래 목적에 부합하는지를 수시로 확인해야 하며, ⑥ 문제 해결 과정 기간 중 프로토타입 제작에 소요되는 기간을 보장하여 완성도를 높여야 한다.

〈표 2-28〉 프로토타입 제작 원칙

〈표 2-29〉 프로토타입 제작 및 전개 과정

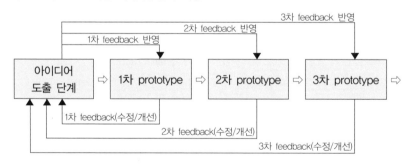

2.6 테스트(Test) 단계

2.6.1 테스트 단계의 특징

테스트 단계는 고객(사용자)과 관계자의 의견을 청취하고 의견과 아이디어를 추가하거나 수정하는 과정으로, 테스트 과정에서 피드백되어 수정 또는 개선된 아이디어가 반영된 프로토타입에 대한 고객(사용자)과 관련 분야 관계자의 반응과 아이디어에 대한 가치 평가를 통해 문제 해결의 완성도를 높이는 단계이다. 따라서 테스트 단계에서 질적 개선안이 많이 도출되고, 사용자 관점에서 바라보는 고객(사용자)의 객관적인 시각은 프로토타입의 평가와 결과물 도출에 유용하게 작용한다.

2.6.2 테스트 과정상 유의사항

테스트를 진행하기 전에 ① 정교한 운영방안(각본)과 테스트를 통해 획득하려는 명확한 목표가 정해져야 하고, ② 테스트 대상자의 의견을 왜곡시킬 수 있는 테스트 의향이 내재된 질문을 금지해야 하며, ③ 테스트 대상자를 특정 방향으로 유도하지 말아야 한다. 또한 ④ 테스트 대상자의 생각과 의견 표명에 제약이 없는 자유로운 분위기를 조성해야 하고, ⑤ 테스트의 기본과 핵심에 집중하여 장시간에 걸친 테스트를 차단해야 하며, ⑥ 테스트 대상자에게 프로토타입의 작동 방식을 사전에 고지하거나 관련 정보를 너무 많이 제공하지 말아야 한다. 그리고 ⑦ 테스트를 수차례 실시하고, ⑧ 질적 테스트의 경우 대상자를 5명 이내로 제한하여 효율성을 높이며, ⑨ 테스트 결과를 기록하여 새로운 프로토타입에 테스트 결과를 반영할 수 있는 일정 시간을 보장해야 한다.

〈표 2-30〉 테스트 진행 프로세스

테스트 준비		테스트 수행		테스트 결과 기록		시사점 도출
· 테스트 목적/ 의도 정의	⇨	· 사용자 경험/ 의견 청취 실행	⇨	· 동영상/촬영/ 사진 활용 · 사용자 대상 질문 및 응답	⇨	· 테스트 결과에 근 거한 문제 재정의, 아이디어 재생산 및 수정 여부 결정

2.7 디자인 씽킹 적용과정 예시

2.7.1 문제인식 및 공감하기

정수기를 사용하는 고객(사용자)을 대상으로 관찰 및 인터뷰하고, 실제로 정수기를 사용하는 경험을 통해, 고객(사용자)이 느끼는 심리적(배수관 오염, 높은 구매가격) 불편함과 기능적(100℃ 끓는 물/얼음 미제공, 큰 제품 규격) 불편함을 인식하고 문제점에 공감한다.

제품	해결 과제		문제 인식		공감하기
정수기	심리적 불편함	⇨	· 배수관 내 미생물 발생 · 높은 구매가격 부담감	⇨	· 미생물 오염/질병 발생 · 가계 비용 증가
	기능적 불편함		· 100℃ 끓는 물 미제공 · 얼음 미제공 · 큰 제품 규격(size)		· 끓는 물 재가열 · 제빙기 추가 구매 · 주방 조리공간 부족

2.7.2 문제 정의하기

정수기의 심리적·기능적 불편함을 개선하기 위해, 심리적 원인(스틸(철, steel) 배수관 사용, 일시불 구매방식)과 기능적 원인(끓는 물 가열/제빙 장치 미장착, 크고 복잡한 정수 모듈)을 찾아 문제의 원인으로 정의한다.

문제 인식	공감하기	문제 정의하기
· 배수관 내 미생물 발생 · 높은 구매가격 부담감	· 미생물 오염/질병 발생 · 가계 비용 증가	· 스틸(철:steel) 배수관 사용 · 일시불 구매방식
· 100℃ 끓는물 미 제공 · 얼음 미 제공 · 큰 제품 규격(size)	· 끓는물 재가열 · 제빙기 추가 구매 · 주방 조리공간 부족	· 끓는물 가열장치 미 장착 · 제빙 장치 미 장착 · 크고 복잡한 정수모듈

2.7.3 아이디어 내기

심리적 · 기능적 문제의 원인을 개선 또는 해결하기 위해 참여자들이 다양한 아이디어를 발상하여, 심리적 문제 해결 방안으로 스테인레스 또는 황동 소재 배수관을 사용하고, 구매방식을 분할 지불 또는 렌탈 방식으로 변경하며, 기능적 문제 해결 방안으로 배수관 가열 또는 직수관 교체 방식의 적용, 저온 · 저압 가스의 기화 · 증발 원리 냉각방식 적용, 부분별 모듈 축소 및 소형화 아이디어를 도출한다.

문제 정의하기	아이디어 내기
· 스틸(철:steel) 배수관 사용 · 일시불 구매방식	· 스테인레스 or 황동 배수관 사용 · 분할 지불 or 렌탈 방식으로 변경
· 끓는물 가열장치 미 장착 · 제빙 장치 미 장착 · 크고 복잡한 정수모듈	· 배수관 가열 or 직수관 교체 방식 적용 · 저온/저압 가스의 기화/증발 원리 냉각방식 적용 · 부분별 모듈 축소 및 소형화

2.7.4 프로토타입 만들기

도출된 아이디어를 바탕으로 심리적 문제 해결을 위해 스테인레스 또는 황동 배수관을 제작하고, 전기분해 살균방식을 적용하며, 분할 · 렌탈 방식의 장 · 단점을 분석한다. 또한 기능적 문제 해결을 위해 배수관 가열장치와 교체용 직수관을 제작하고, 저온 · 저압용 압축기와 모터를 제작하며, 소형화된 모듈을 제작한다.

아이디어 내기	프로토타입 만들기
· 스테인레스 or 황동 배수관 사용 · 분할 지불 or 렌탈 방식으로 변경	· 스테인레스 or 황동 배수관 제작 · 전기분해 살균방식 적용 · 분할 or 렌탈 방식 장/단점 분석
· 배수관 가열 or 직수관 교체 방식 적용 · 저온/저압 가스의 기화/증발 원리 냉각방 　식 적용 · 부분별 모듈 축소 및 소형화	· 배수관 가열장치 or 교체용 직수관 제작 · 저온/저압용 압축기 및 모터 제작 · 소형화 모듈 제작

2.7.5 테스트 하기

제작된 프로토타입을 테스트하여 배수관 내 미생물 발생 상태를 확인하고, 구매방식의 분할·렌탈 방식 도입과 제품 소형화에 관한 고객(사용자)의 의견을 청취하며, 기타 기능(정량별·단계별 온수 출수 기능, 야간 에너지 절감 장치 등) 등에 대한 고객(사용자)의 의견을 청취하여 피드백(feedback)함으로써, 아이디어 수정과 재생성 및 프로토타입의 수정·개선을 반복한다.

프로토타입 만들기	테스트 하기
· 스테인레스 or 황동 배수관 제작 · 전기분해 살균방식 적용 · 분할 or 렌탈 방식 장/단점 분석	· 미생물 발생 상태 및 고객(사용자) 반응 　확인/의견 청취 · 분할/렌탈 방식 도입에 관한 의견 청취 · 제품 소형화에 관한 의견 청취
· 배수관 가열장치 or 교체용 직수관 제작 · 저온/저압용 압축기 및 모터 제작 · 소형화 모듈 제작	· 기타 기능(정량/단계별 온수 출수기능, 야 　간 에너지 절감 장치 등) 등에 관한 고객(사 　용자) 의견 청취/피드백

2.7.6 피드백(feedback)

테스트 과정에서 획득한 미생물 발생수치 등의 결과값과 고객(사용자)의 의견 또는 아이디어를 바탕으로, 아이디어 도출 단계부터 프로토타입 단계까지 수정 및 개선작업을 반복한다.

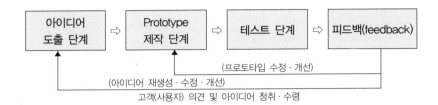

| 아이디어
도출 단계 | ⇨ | Prototype
제작 단계 | ⇨ | 테스트 단계 | ⇨ | 피드백(feedback) |

(프로토타입 수정 · 개선)

(아이디어 재생성 · 수정 · 개선)

고객(사용자) 의견 및 아이디어 청취 · 수렴

PART 5 캡스톤 디자인과 사업화

CHAPTER 1 사업타당성 분석

1.1 캡스톤 디자인 결과물의 사업화 필요성

캡스톤 디자인 교육과정은 기업 등 산업 분야의 요구사항을 학생들의 창의적 사고를 통해 해결하는 목적 달성 이외에, 교육과정에서 학습한 내용이 실제적으로 학생들의 사업화에 적용될 수 있도록 교육하는 것을 목표로 한다. 따라서 캡스톤 디자인 결과물이 창업과 사업화와 연결될 수 있도록 산업체와의 협력적 관계 구축을 통해, 창업과 사업화에 필요한 현장지식과 경험을 학생들이 구비할 수 있도록 해야 한다.

1.2 사업타당성 분석 목적

사업타당성 분석은 사업계획서 작성 전 시장성과 기술성 및 수익성 측면에서 사업모델의 가치를 평가하는 것으로, 시장성 분석과 기술성 분석 및 수익성 분석을 단계적으로 구분하여 수행하며, 사업타당성 분석을 진행하는 이유는 주관적이고 막연한 사업구상에서 탈피하여 객관적이고 체계적인 관점에서 사업을 분석하고, 사업추진 전 창업자 보유역량을 사전에 확인하여 위기대응능력의 향상을 도모함으로써, 사업화 예정인 제품과 서비스를 통해 기대수준에 부합하는 수익창출이 가능한지를 검증하는 데 있다.

이와 같은 사업의 객관적이고 체계적인 검토와 분석은 창업 성공률을 높이고, 계획하는 사업의 제반 사항에 대한 파악이 가능하게 하며, 창업기간을 단축하여 효율적인 창업업무 수행이 가능하도록 한다. 또한 수립한 사업계획의 제반 사항에 관한 분석과 확인을 통해, 수립과정 중 인식하지 못한 미비사항을 사전에 보완할 수 있어 오류가능성을 줄일 수 있고, 창업자의 경영능력 향상에 도움을 주며, 계획사업에 관한 지식습득의 기회를 제공한다.

〈표 1-1〉 사업타당성 분석 내용

거시환경	정치, 경제, 사회문화, 기술 등의 거시환경 요인들이 제품과 서비스에 미치는 영향 검토
시장 환경	제품과 서비스가 속해 있는 시장 상황 의미, 현재 시장규모와 향후 성장추세 및 경쟁사 파악(제품수명주기 상의 제품 위치, 경쟁강도, 점유율, 시장규모, 선두기업 등)
제품성	제품의 강/약점, 제품의 차별화 요소 분석 및 경쟁자 비교(제품 - 제품 기능, 디자인, 가격, 품질, 브랜드 등/서비스 - 가격, 품질 및 브랜드 등)
잠재적 경쟁자 분석	현재 경쟁하고 있는 시장 내 제품과 서비스 이외에 진입 가능성이 높은 잠재적 대체품 또는 대체 서비스 예) 칼국수 전문점 - 직접적 경쟁자(칼국수 전문점), 잠재적 경쟁자(냉면 전문점, 백반 음식점 등)
고객욕구	소비자의 라이프 스타일 및 시장 트렌드 변화(예) 등산화 → 워킹화)
생산기술/공정/설비	제품화에 필요한 인프라(infra)

1.3 사업타당성 분석 프로세스

사업타당성 분석은 사업의 현실화 가능성을 검토하여 이익실현 여부를 확인하기 위한 조사활동으로, ① 언제 얼마나 판매될 것인가의 시장성, ② 기술적으로 생산 가능한 것인가의 기술성, ③ 필요자금은 얼마이고 어떻게 조달할 것인가의 소요자금 계획, ④ 어느 정도의 수익실현이 가능한가의 수익성, ⑤ 사회의 공익에 기여하는가의 공익성을 단계별로 검토한다.

〈표 1-2〉 사업타당성 분석 흐름도

진행단계	진행내용	타당성 검증	
아이디어 발견 단계	사업 아이디어 탐색	다수의 후보 사업 아이디어 발견 ⇨	후보 아이템 선별
⇩			
예비선별 단계	후보 아이템 선별 ⇨	예비사업성 분석* 결과의 사업적 유의성 판단 ⇨	사업 아이템 우선순위 결정
⇩			
시장 분석 단계	우선순위 아이템 분석계획 수립 ⇨	시장 분석 실시 ⇨	시장 분석결과의 사업적 유의성 판단
⇩			
기술 분석 단계	기술 분석 실시 ⇨	기술 분석 결과의 사업적 유의성 판단	
⇩			
재무 분석 단계	재무 분석 실시 ⇨	재무 분석 결과의 사업적 유의성 판단	
⇩			
공익성 분석 단계	공익성 분석 실시 ⇨	공익성 분석 결과의 사업적 유의성 판단	
⇩			
사업계획서 준비			

* 예비 사업성 분석 – 후보 아이템을 비교·분석하여 아이템의 우선순위를 결정할 수 있도록, 후보 아이템 상호 간 상대평가와 후보 아이템에 대한 창업자의 적응도 분석을 통해, 최적의 아이템을 선택하기 위한 정밀 사업타당성 분석 전 단계 과정

1.4 시장성 분석

사업 아이템이 소비자에게 판매될 가능성을 조사·분석하여 수요를 예측함으로써, 판매 전략과 생산계획 등을 수립하기 위한 단계로서, 시장에서 제품이 언제, 얼마나 판매될 수 있는가를 분석한다. 사업의 성패는 제품과 서비스의 판매에 의해 좌우되므로, 시장성 분석은 매우 중요하며, 분석 목적에 따라 ① 신제품 개발을 위한 정보수집용 시장분석, ② 미래수요예측을 위한 시장분석, ③ 유통경로 개선 및 발굴을 위한 시장분석, ④ 광고전략 수립을 위한 시장분석을 구분한다.

〈표 1–3〉 시장성 분석 내용

분석요소	분석내용
시장 동향	시장규모, 시장구조 및 특성, 소비자
상품성	강·약점, 제품수명주기, 보급률
경쟁적 지위	재무 상태, 경쟁사 운영능력, 경영실적, 경쟁요소 비교, 잠재적 경쟁자
상품의 수익성	상품원가, 마케팅 비용, 마진율, 상품가격
수요 예측	시장점유율, 판매량 증감요인, 판매전망, 불황적응도, 계절성
시장 및 환경	자원 환경요인, 기술적 환경요인, 마케팅 환경요인

1.5 기술성 분석

기술성 분석은 기술, 기계, 장비, 자재, 노동력, 입지, 시설 등을 대상으로, 기술적인 측면을 검토하고 평가하는 분석으로, 기술성 분석이 중요한 이유는 ① 기술의 질적 수준을 분석함으로써 경쟁력 있는 제품 생산이 가능하고, ② 설비와 원재료 및 인력 등의 비용과 수급 문제를 점검함으로써 제품원가 상승에 따른 경쟁력 하락을 예방할 수 있으며, ③ 경쟁기업 대비 낮은 수준의 생산기술을 보완할 수 있는 대책 수립이 가능하기 때문이다. 또한 ④ 기술적인 구현이 불가능한 독창적 아이디어를 배제할 수 있으며, ⑤

자사와 협력사가 보유한 기술을 검토할 수 있기 때문에 중요하다.

〈표 1-4〉 기술성 분석 내용

분석요소	분석내용
경영자 기술능력	기술 지식수준 및 경험수준, 경영의지 및 사업수완
기술성	기술개발 환경(전담조직, 인력비율), 기술개발 실적(개발실적, 핵심기술 보유현황), 기술의 우수성 및 제품화 능력(기술의 우수성, 생산시설/인력 확보수준, 자금조달능력), 기술의 경쟁력(경쟁기술 대비 우위정도)
사업성	신청기술의 경쟁력(인지도, 경쟁제품과의 비교 우위성), 사업적 타당성(판매계획의 타당성, 판로의 다양성 및 안정성), 수익전망(매출액 대비 경상이익률, 투자대비 회수가능성)

〈표 1-5〉 기술성 평가표 예시

구분	평가 항목	심사 항목	배점
경영자 기술능력	기술 지식수준 및 경험수준	기술 지식수준	6
		기술 경험수준	9
	경영능력	기술 인력관리	5
		경영의지 및 사업수완	5
소계			25
기술성	기술개발 환경	개발 전담조직	5
		개발인력 비율	5
	기술개발 실적	기술개발 및 수상실적	5
		핵심기술 보유현황	5
	기술의 우수성 및 제품화 능력	기술의 우수성	7
		생산시설 확보수준	5
		생산인력 확보수준	4
		자금 조달능력	7
소계			43
사업성	신청기술의 경쟁력	인지도	7
		타 제품과의 비교 우위성	7
	사업계획의 타당성	판매계획의 타당성	4
		판매처의 다양성 및 안정성	4
	수익 전망	매출액 경상이익률	5
		투자대비 회수가능성	5
소계			32
합계			100

1.6 수익성 분석

수익성 분석은 ① 판매계획의 목표달성 가능성과 판매 전략의 실행방법 및 판로확보 등을 검증하는 판매계획의 타당성과, ② 판매계획의 합리성과 사업실현 가능성 등의 사업추진 타당성, ③ 예상수익 규모와 수익실현 시기 및 투자자금 회수시기 등의 투자 대비 회수 가능성, 그리고 ④ 매출액과 경상이익 및 실현 수익 규모 등을 분석하고 평가하는 분석으로, 손익분기점 을 확인하고 연도별 매출액과 수익금액을 추정하는 데 사용된다.

⟨표 1-6⟩ 수익성 분석 내용

분석요소	분석내용
재료비	• 직접 재료비(계약 목적물의 실체를 형성하는 물품 가치) • 간접 재료비(계약 목적물의 실체를 형성하지 않지만, 제조에 보조적으로 소비되는 물품 가치)
노무비	• 직접 노무비(생산 활동에 직접 투입되는 인력의 고정비용) • 간접 노무비(생산 활동에 간접적으로 투입되는 인력의 고정비용)
제조경비	• 재료비(노무비를 제외한 생산 활동과 관련 비용)
판매 및 일반관리비	• 판매비(고객에게 제품을 제공하는 데 소요되는 비용) • 일반관리비(기업의 유지 및 일반사무와 관련된 비용)
영업외 비용	• 기업의 주된 영업활동과 관계없이 발생한 모든 비용

1.7 업종별 수익추정 방법 및 사례

매출액의 추정은 업종에 따라 상이하지만, 일반적으로 시장점유율에 기초한 방법과 경쟁점포의 방문객 수를 비교하는 방법, 그리고 통행인구의 점포 방문비율에 기초하여 추정하는 방법 등을 활용하여 추정할 수 있다.

⟨표 1-7⟩ 업종별 수익추정 방법

도소매업	1㎡당 매출액(품목별) × 매장면적
음식점	객 단가 × 설비 단위 수(테이블 수) × 회전 수
서비스업(헤어숍)	객 단가 × 설비 단위 수(의자 수) × 회전 수

CHAPTER 2 사업계획서 작성

2.1 사업계획서의 정의

　사업계획서는 기업이 추진하려는 사업에 대한 구체적인 내용을 담은 문서로, 사업의 목표를 수립하고 수립한 목표를 달성하기 위한 체계적이고 구체적인 방법을 정리하여 기록한 문서를 의미한다. 사업계획서를 작성하는 이유는 ① 사업계획을 개선하고 수정 · 보완하여 사업 가치를 높일 수 있고, ② 사업계획의 방향성을 명확히 할 수 있으며, ③ 사업내용 전체를 객관화하여 검증할 수 있어, ④ 사업내용을 쉽게 전달할 수 있기 때문이다.

2.2 사업계획서 유형

　사업계획서는 작성 목적에 따라 ① 요약용 사업계획서, ② 내부용 사업계획서, ③ 외부용 사업계획서, ④ 기타 업무용 사업계획서로 구분할 수 있고, 외부용 사업계획서는 사용 용도에 따라 자금조달용, 사업 인 · 허가용, 기술평가용, 대외업무용으로 세분화할 수 있고, 기업에 따라 내부용 사업계획서를 비정형 또는 정형화된 양식을 사용하지만, 대다수 사업계획서는 기관과 기업별로 규정한 정형화된 양식을 사용한다.

2.3 사업계획서 작성 목적

　사업계획서는 ① 개인투자자 또는 벤처캐피탈 등의 창업투자회사와 각종 투자기관 등의 창업자금 유치목적의 투자자금 유치, ② 중소기업은행 등 금융기관의 대출목적의 은행 자금지원 신청, ③ 기존기업 또는 성장단계

기업과의 공동연구와 제품개발 또는 시장진출을 위한 전략적 제휴, ④ 사업 확장이나 신규 사업 진출을 위한 인수ㆍ합병(M&A)의 실행, ⑤ 사업추진의 기본방향을 제시해 주는 유용한 행동지침서로 활용, ⑥ 유능한 인재영입 및 기업 홍보 용도로 사용하기 위해서 작성한다.

2.4 사업계획서 구성 및 내용

사업계획서에는 제품생산과 판매를 위한 재료 수급부터 판매 이후의 고객의견에 대한 대응방안까지 일련의 경영활동 전 과정이 포함되어야 하고, 경영활동의 연속성을 기대할 수 있는 향후 성장전략이 제시되어야 한다.

〈표 2-1〉 사업계획서 구성 내용

구성	내용
일반현황	창업자현황, 회사 일반현황
계획사업의 개요	개발동기, 사업내용, 생산제품의 특성, 기대효과
시장현황	동종업계 현황, 시장규모와 전망, 시장점유율과 경쟁관계, 계획제품의 시장 진입가능성
판매계획	판매전략 및 판매형태, 가격정책, A/S계획, 국내 판매계획, 수출계획
생산계획	제조공정도, 자체 생산계획, 외주 생산계획
설비투자계획	적정규모 제조설비 내역, 구매처, 수량, 가격
인원 및 조직계획	업무흐름별 조직체계도, 직무·직위별 소요인원
원ㆍ부자재 조달계획	국내 조달계획, 수입자재 조달계획
재무계획	(추정) 손익계산서/재무상태표/현금흐름표, 손익분기점 분석
자금계획서	총 소요자금내역, 자금조달 또는 차입계획, 차입금 상환계획
사업추진 일정계획	추진일정표(time table)
부속자료	인건비명세서, 감가상각비명세서, 제조원가명세서, 경영진이력서, 제품설명서, 특허권 사본, 제공가능 담보물내역, 설비구매 견적서

2.5 사업계획서 작성방법

사업계획서는 사업계획서를 확인하는 사람의 이해도를 높이기 위해서, 사업의 개요부터 사업의 핵심내용과 사업 실행까지의 사업화 전 과정을 단계별로 구분하여 작성해야 한다.

〈표 2-1〉 사업계획서 구성 내용

단계	내용 구성	작성 내용	작성 방법
사업 개요	사업추진 내용	수익모델 기반 제품과 서비스 내용	· 사업내용을 간단하고 명확하게 서술 · 제품/기술 내용과 창업기업만의 차별성, 경쟁성, 수익성 서술 · 간단/명료한 설명을 위한 도표 및 그림 등 첨부
	사업추진 배경	사업추진의 타당성	· 관련 산업분야, 제품, 기술현황 · 기존제품의 문제점 · 고객 요구사항 및 불편사항 · 사업추진의 필요성, 중요성 등 서술
	사업추진 역량	기업 가용자원 및 보유역량	· 창업자 및 구성원 역량 · 내부인력의 기본역량과 활용역량 · 외부 인적 네트워크 확보역량 서술
사업 핵심내용	사업의 시장성	핵심기술 보유 현황 및 차별성	· 현재와 미래의 시장규모를 금액과 수량 또는 단위별로 예측 · 과거 자료를 근거로 시장규모 추정
	사업의 기술성	진입예정 시장 규모 및 성장 가능성	· 제품 및 서비스 특성 · 핵심기술/기능/성능의 경쟁 · 유사 · 잠재적 사업자 대비 우수성 및 차별성 서술
	사업의 경쟁성	경쟁제품 현황 및 자사제품 비교	· 경쟁기업 및 추진사업과의 유사성 · 경쟁성 · 잠재적 진입가능성 비교/분석
	사업의 수익성	예상 매출액 및 이익규모	창업자 혹은 창업조직이 창업 아이템을 통해 창출할 수 있는 매출 및 손익계획 수립
사업 실행	사업추진 전략	생산 및 판매전략	· 사업화 단계별 구체적이고 실행 가능한 일정과 내용 기재 · 4P전략(제품/가격/유통/촉진) 기반의 추진전략 서술
	사업추진 자금	소요자금 및 조달방법	창업 시점부터 수익창출 시점까지 사업화 전 과정에 필요한 소요 자금과 내용을 단계별로 서술

2.6 사업계획서 작성 시 고려사항

이해도를 높일 수 있는 일목요연한 사업계획서를 만들기 위해서는 ① 핵심사항 위주로 명료하게 작성해야 한다. 즉, 글만 나열된 계획서는 쉽게 읽히지 않으므로, 도표와 이미지 사진 등을 활용하여 도식화 하고 이해도를 높여야 하고, ② 독창성과 차별성을 강조해야 한다. 즉 기존기술 및 서비스와 제안기술과 서비스를 비교하여 차별성을 강조하고, 기존기술과 서비스의 문제점 해결방안을 제안해야 한다. 또한 ③ 객관적인 수치와 근거를 제시하여 추상적인 사업계획을 지양하고 객관성 있는 사업계획서를 작성해야 하며(예 경쟁사 ○○제품 시장점유율 35%, 수익 3% 감소 등), ④ 체크리스트(check list)를 만들어서 수치와 오·탈자를 재확인함으로써 가독성을 높여야 한다.

〈표 2-3〉 단계별 사업화 과정

희망 창업분야 선택		선택 창업분야 시장조사		창업자금 산정		차별화/경쟁력 확보
• 좋아하고 잘하는 분야 • 보유기술/지식의 활용이 가능한 분야 • 즐겁고 재미있는 아이템	⇨	• 시장규모/성장 가능성 • 경쟁자/경쟁구도 분석 - 접점경쟁자 파악 및 분석 • 지속 가능성 수익구조	⇨	• 가용자금 규모 파악 - 보유/예비자금 규모 - 동원가능 자금 규모	⇨	• 접점경쟁자 확인 및 분석 - 장/단점 세부 분석 - 시장점유율 추이 분석 • 자기경쟁력 검증 및 강화

사업화 실행		영업/서비스제공		보완/수정/확대
• 사업장, 사무실 확보 • 납품 및 공급 계약서 체결 • 인력채용, 교육, 조직 구축 • 시스템가동 및 보완 점검	⇨	• 영업망구축, 마케팅 - 거래처확보, 가격 책정 • 제품생산 및 서비스 제공 • 브랜드구축 및 홍보·광고	⇨	• 상품/서비스 검증 - 약점 보완 수정 - 장점극대화, 영역확대 • 신제품 개발, 협업 강화

PART 6 캡스톤 디자인과 지식재산권

디자인 씽킹을 활용한 캡스톤 디자인 수업의 이해

CHAPTER 1 지식재산권

1.1 캡스톤 디자인과 지식재산권의 중요성

캡스톤 디자인을 통해 도출된 창의적이고 독창적인 해결방안을 산업현장에 적용하거나, 결과물을 활용한 협업 또는 사업화를 위해서는, 제3자의 모방과 복제 등을 사전에 차단할 수 있는 지식재산권 출원과 등록이 선행되어야 한다. 등록을 통한 독점적 권리 획득을 통해 불필요한 분쟁을 회피할 수 있고, 경쟁자의 시장진입을 지연 또는 차단할 수 있기 때문이다.

1.2 지식재산권의 정의 및 활용전략

지식재산권은 지적(知的) 능력을 통해 만들어낸 창작물에 대한 권리로서 저작권과 산업재산권으로 구분하고, 산업재산권은 특허권, 실용신안권, 디자인권, 상표권으로 분류한다. 창업자가 경쟁자의 모방과 복제로부터 사업 아이템을 보호하기 위해서는 사업초기 단계에서 아이디어를 보호하는 특허권과 실용신안권, 장식성을 보호하는 디자인권, 식별력을 보호하는 상표권의 산업재산권과 작품성을 보호하는 저작권, 그리고 경쟁력을 보호하는 부정경쟁방지법을 활용해 사업 아이템을 보호하고, 사업 안정화 단계에 진입하면 제품과 서비스에 대한 소비자의 저명성을 획득하여 시장을 장악하는 전략을 사용해야 한다.

〈표 1-1〉 법령에 따른 구분

구분		법령	보호 내용
지식재산권법	산업재산권법	특허법/실용신안법	발명에 대한 보호
		디자인보호법	디자인에 대한 보호
		상표법	상품표지에 대한 보호
	문화입법	저작권법	저작물에 대한 보호
	신지식재산권법	부정경쟁방지 및 영업비밀보호에 관한 법률	부정경쟁방지 및 영업비밀 보호
		기타	퍼블리시티권 등

1.3 산업재산권의 특징

일반적으로 특허권으로 통칭되는 산업재산권은 특허권과 실용신안권 및 디자인권과 상표권으로 구성된다. 특허권의 보호대상은 물건 및 방법으로서 원천·핵심기술 등이 해당되고, 실용신안권은 물건으로서 제품수명주기가 짧은 주변 개량기술 등이 해당되며, 디자인권은 물품의 외관을, 상표권은 표장으로서 상품의 명칭을 보호대상으로 한다. 또한 출원 대상에 있어서 실용신안권은 물건만을 대상으로 하지만, 특허권은 물건과 방법 모두를 대상으로 하고, 특허권과 실용신안권 및 디자인권은 권리의 존속기간을 출원일로 계산하지만, 상표권은 출원일과 등록일 사이의 기간에 상표출원을 인지하지 못하고 상표를 사용하는 선의의 피해자를 보호하기 위해서 등록일자를 기준으로 존속기간을 계산하고 10년마다 연장이 가능하다.

〈표 1-2〉 지식재산권 종류별 특징

분류	개념(정의)	출원 대상	존속 기간
특허권	자연법칙을 이용한 기술적 사상의 창작으로서 발명수준이 고도한 것	물건/방법	설정등록 후 출원일로부터 20년
실용신안권	자연법칙을 이용한 기술적 사상의 창작으로서 물품의 구조/형상/조합에 관한 실용성 있는 고안	물건	설정등록 후 출원일로부터 10년
디자인권	물품의 모양/형상/색채 또는 이들을 결합한 것으로서 시각적으로 미감을 갖게 하는 것	물품의 외관	설정등록 후 출원일로부터 20년
상표권	타인의 상품(서비스업)과 식별되게 하기 위하여 사용하는 기호/문자도형/입체적 형상/색채 홀로그램/동작 또는 이들을 결합한 것으로서 시각적으로 인식할 수 있는 것	표장 (상품/서비스의 출처 표시)	설정등록 후 등록일로부터 10년(10년씩 갱신 가능/반영구적 사용 가능)

〈표 1-3〉 권리별 적용 예시

권리 구분	보호 내용	예시(자동차)
특허권	원천 · 핵심기술	• ABS브레이크 시스템 기술 • 지능형현가 시스템 기술 • 변속기에 관한 기술 • 저연비 엔진 기술
실용신안권	제품수명주기가 짧은 주변 개량기술	• 백미러 관련 기술 • 컵홀더 관련 기술 • 자동차 문 관련 기술 • 의자 높낮이 조절구조
디자인권	물품의 외관	• 차체 형상 • 의자 형상 • 전방램프 형상 • 리어스포일러 형상
상표권	상품의 명칭	• 자동차 명칭(소나타, 그랜저, 제네시스 등) • 제작사 명칭(현대, 기아, 삼성 등)

1.4 특허권의 개념

특허법 제2조 1호에서는 '발명'을 자연법칙을 이용한 기술적 사상의 창작으로서 고도한 것으로 정의하고 있으며, 특허법의 목적은 발명을 보호하고 장려하여 기술의 발전을 촉진함으로써 산업발전에 기여하도록 하는 데 있다. 특허로 등록되기 위해서는 발명이라는 것 이외에 적극적인 요건으로서, ① 성립성(특허법이 정한 발명의 개념에 해당되고, 완성된 발명으로서 외관을 가지고 있으며, 그 발명이 속한 기술 분야에서 통상의 지식을 가진 자가 반복 실시하여 목적하는 기술적 효과를 얻을 수 있을 정도로 구체적·객관적으로 구성된 발명 여부. 예 등록 불가능: 영구동력기관, 만류인력의 법칙 등의 자연법칙 자체, 경제 및 수학법칙), ② 산업상 이용가능성(발명이 산업에서 실제로 실시될 수 있는 것. 예 등록 불가능: 인간의 수술/치료방법, 등록 가능: 동물의 치료방법/인간의 수술과 진단 및 치료에 사용하기 위한 의료기기), ③ 신규성(발명의 내용이 사회일반에 아직 알려지지 아니한 발명으로서 객관적 창작성이 있는 것), ④ 진보성(특허출원 전 그 발명이 속한 기술 분야에서 통상의 지식을 가진 자가 공지기술로부터 용이하게 발명할 수 없는 것)의 조건이 충족되어야 한다.

〈표 1-4〉 산업재산권 출원 절차

선행기술조사	기 등록 선행기술 조사
⇩	
사용자 등록	특허로(www.patent.go.kr) 회원가입 및 특허고객번호 취득
⇩	
출원 서식 작성	권리별 출원 양식(출원서, 명세서, 요약서, 청구항, 도면 등) 작성
⇩	
출원 수수료 납부	출원 비용 납부
⇩	
출원 및 방식심사	출원 양식에 부합하는 작성 여부 심사
⇩	
심사 청구	출원 시 또는 출원 공개시점(출원일부터 1년 6개월) 이내 청구
⇩	

출원 공개	출원일 기준 1년 6개월 이후

⇩

실체 심사	출원일 이후 출원 내용의 등록 여부 심사

⇩

특허 결정	등록요건 충족 시 등록결정서 통지

⇩

등록 공고	특허 등록공고공보 게재

특허 출원과 심사 및 등록절차상의 특징으로, ① 우선 심사(출원 공개후 특허 출원인이 아닌 자가 업으로서 특허 출원된 발명을 실시하고 있다고 인정되거나, 긴급처리가 필요하다고 인정하는 특허 출원에 관하여, 다른 특허 출원에 우선하여 심사하는 제도), ② 특허 청구범위 유예(특허 청구범위가 없는 상태에서도 특허출원이 가능하도록 하고, 특허 청구범위는 출원 공개시점까지만 제출하면 되도록 한 제도 – 특허법 42조), ③ 분할출원(하나의 특허출원에 두 가지 이상의 발명이 포함되어 있는 경우, 그중 일부 발명을 별개의 특허 출원으로 분리하여 새롭게 출원할 수 있는 제도), ④ 변경출원(특허에서 실용신안으로, 실용신안에서 특허로 형식을 변경하도록 하는 제도), ⑤ 출원 공개(특허 출원된 내용에 대하여 심사청구 유무에 관계없이, 출원일로부터 1년 6개월이 지난 후, 또는 특허 출원일부터 1년 6개월이 지나기 전이라도 출원인의 신청이 있으면 그 특허 출원에 관하여 특허공보에 게재하여 사회 일반에 공표하는 제도) 등의 제도를 통해 권리변경이 가능하다는 점이 있다.

〈표 1–5〉 산업재산권 출원 절차

심사절차	심사내용
출원	• 출원번호 부여(특허청) • 출원료 납부(금융기관)

⇩

방식심사	• 출원 후 1년 6개월 이후 출원 공개

⇩

심사청구	• 출원 공개시점(1년 6개월)까지 심사청구 신청 • 미신청 시 취하 간주

⇩

실체검사	• 거절이유(없음) → 특허 결정 • 거절이유(있음) → 의견제출 통지

⇩

의견제출(거절) 통지	• 거절이유 해소 시 등록, • 거절이유 미해소 시 거절 통지

⇩

등록 및 공고	설정등록 및 등록공고

1.5 특허 존속기간의 연장

의약품 또는 농약처럼 허가나 등록을 위한 유효성이나 안정성 등의 시험에 장시간이 필요하여, 특허발명 등록이 의약품 관련 법령에 의해 허가 또는 등록된 이후에 가능한 경우, 특허 존속기간을 특허 발명 실시에 소요된 기간만큼 최대 5년까지 한 번에 한해 연장해주는 제도이다.

〈그림 1-1〉 특허 존속기간의 연장

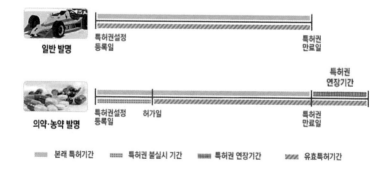

1.6 국제 출원

특허권은 각 국가별로 발생하는 속지주의를 채택하고 있으며, 국제출원 (특허협력조약, Patent Cooperation Treaty)은 원칙적으로 출원을 희망하는 개별 국가별로 출원해야 한다. 다만, 이와 같은 번거로움을 해소하기 위해 출원인이 특허협력조약을 체결한 국가 중 출원을 희망하는 국가를 지정하여 자국의 특허청에 PCT 국제출원서를 제출하면, 그 출원일을 각 지정국가의 출원서 제출일로 인정하는 제도이다. 이에 따라 PCT 출원은 국제단계와 국내단계로 구분되고 국제심사 뒤 등록을 희망하는 국가에 번역문을 제출하여 심사받는 과정을 거쳐야 한다.

〈그림 1-2〉 전통적인 출원방법(Traditional Patent System)

〈그림 1-3〉 PCT 의한 출원방법(PCT System)

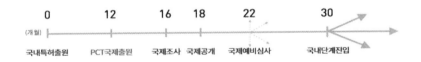

1.7 출원 서류 작성

특허 출원 시 반드시 작성해야 하는 서류목록은 등록을 요청하기 위하여 작성하는 출원서, 발명의 구체적 내용을 기재하는 명세서, 발명내용을 정리하여 기재하는 요약서, 권리범위와 한계를 결정하는 청구항, 발명내용의 이해를 돕기 위한 도면으로 구성된다. 특히 청구항이 발명의 독점적 권리와 보호 범위를 정하기 때문에 가장 중요하다. 다만 청구항을 많이 추가한다고 해서 권리를 완벽하게 보호받는 것은 아니므로, 불필요한 권리청구는 제외하고 핵심적으로 보호받고자 하는 내용으로 청구항을 구성해야 한다. 또한 사업 아이템을 보호하기 위해서는 주력 특허를 중심으로 주력 특허와 연관된 권리를 추가하여 등록함으로써, 경쟁자의 침해를 원천적으로 차단해야 한다. 즉, 주력 특허기술과 유사한 기술을 추가 등록하여 경쟁자의 모방과 복제를 차단해야 한다.

〈표 1-6〉 특허 출원 서류목록

출원 서류	작성 내용
출원서	• (a) 특허출원인의 성명과 출원인코드, (b) 대리인의 표시, (c) 발명의 명칭, (d) 발명자 성명과 주소, (e)우선권주장에 관한 사항 등 기재 • 출원인 또는 발명자가 2인 이상인 경우 - 출원서상 식별항목 추가 기재 • 대리인 미 선임하는 경우 - 대리인표시 생략 가능
명세서	• 발명에 관한 구체적 내용 기재: (a) 발명의 명칭, (b) 도면의 간단한 설명 (c)발명의 상세한 설명 (배경기술 - 해당 분야 종래의 기술, 발명구성 -발명내용 및 실시/비교/시험예시, 발명 효과), (d) 특허청구 범위(특허발명의 보호범위 특정) 등을 기재
요약서	• 명세서에 기술된 발명정보를 요약/정리하는 서류 • 발명내용을 10~20줄 이내로 간결하게 정리하여 기재
청구항	• 권리한계와 범위가 결정되는 출원 서류 중 가장 중요한 서류 • 보호받으려는 기술과 권리범위 기재 • 독립항(다른 청구항을 인용하지 않고 독립적으로 기재된 청구항 - 기술적 사상), 종속항(독립항 또는 다른 종속항을 한정 짓거나 추가하여 구체화하는 청구항 - 구체적인 실시 예 또는 독립항을 세분화한 권리)으로 구분
도면	• 방법발명, 화학(물질)발명 - 도면 생략 가능 • 사시도, 정면도, 배면도, 좌측면도, 우측면도, 평면도, 저면도

〈그림 1-3〉 지식재산권을 활용한 사업 아이템 보호전략

1.8 실용신안권의 개념

실용신안 제도는 실용적 기술사상(소발명)인 '고안'을 보호하기 위해 마련된 제도로서, 실용신안은 고안이나 유용성 있는 기술을 대상으로 하고 있다는 점에서 특허와 유사하지만, 특허는 '물건의 발명과 방법의 발명'이 모두 가능하지만, 실용신안은 반드시 '물건의 발명'에 한정된다는 점에서 차이가 있다. 또한 실용신안에서의 도면은 반드시 첨부해야 하며, 사진 등으로 대체할 수 없다.

〈표 1-7〉 실용신안권 대 특허권 차이점

구분	실용신안	특허
보호대상	• 고안 – 자연법칙을 이용한 기술적 사상의 창작 • 물품의 형상, 구조 또는 조합의 고안 → '물건' 보호	• 발명 – 자연법칙을 이용한 기술적 사상의 창작으로서 고도한 것 → '물건 및 방법' 보호
권리존속기간	10년	20년
진보성	통상의 기술자가 선행기술로부터 극히 용이하게 고안 가능한지 여부	통상의 기술자가 선행기술로부터 용이하게 발명 가능한지 여부

1.9 상표권의 개념

상표는 상품(서비스)을 생산, 가공, 판매하는 것을 업으로 하는 자가, 자신의 상품을

타인의 상품과 식별되도록 하기 위하여 사용하는 식별표지로, ① 기호, 문자, 도형, 입체적 형상, 또는 이들을 결합하거나 이들에 색채를 결합한 것, ② 색채 또는 색채의 조합, 홀로그램, 동작 또는 그밖에 시각적으로 인식할 수 있는 것, ③ 소리, 냄새 등을 사용하여 등록할 수 있다. 또한 상표법 개정으로 상표와 서비스표의 구분이 없어져서, 유형의 상품에 부여하던 상표와 무형의 용역에 부여하던 서비스표를 통칭하여 상표로 표현한다.

〈표 1-8〉 상호 대 업무표장 및 단체표장 비교

상호	• 상인이나 회사가 영업활동상 자기를 표시하는 명칭 • 상호를 관할 등기소에 등기하면, 해당 행정구역내에서 동종업종 상호 등기 불가능 • 상호의 상표화 추세 증가 - 예)현대자동차
업무표장	• 상표법에 따라 비영리 목적 사업자가 그 업무를 표상하기 위하여 사용하는 표장 　예) 대한적십자사, 청년회의소, 로타리클럽, 한국소비자보호원
지리적 표시 단체표장	• 상표법에서 지리적 표시를 사용할 수 있는 상품을 생산, 제조, 가공하는 사업자만으로 구성된 법인이 직접 사용하거나, 그 감독 하에 있는 소속 단체원이 자기 상품에 사용하는 단체 표장 • 지정상품이 품질, 명성, 특성을 보유하고 있고, 그 품질, 명성, 특성이 특정지역의 지리적 환경에서 기인하는 경우 부여 　예) 보성녹차, 영덕대게, 안동 간 고등어, 한산모시 등

1.9.1 상표의 부 등록요건

상표법에서는 공익적 목적과 시장경제의 안정을 위하여 부 등록요건으로, ① 국가 및 국제기관의 명칭, 포장, 국장, 기장, 국기, 훈장, 표장 등과 동일하거나 유사한 상표, ② 국가, 인종, 종교, 민족, 공공단체 또는 저명한 고인과의 관계를 허위표시하거나 모욕하는 상표, ③ 국가, 공공단체, 관련기관의 비영리 목적 업무 및 공익사업 표시 표장 상표, ④ 공공질서, 선량한 풍속을 저해하는 상표, ⑤ 정부 또는 외국의 박람회 상패, 포장, 상장과 동일하거나 유사한 상표, ⑥ 저명한 타인의 성명, 초상, 명칭, 상호, 예명, 필명, 서명, 인장 또는 이들의 약칭을 포함하는 상표, ⑦ 선 출원하여 등록한 타인의 등록상표·지리적 표시·등록단체 표장과 동일 또는 유사한 상표로서, 그 지정상품과 동일 또는 유사한 상품에 사용하는 상표 등을 규정하고 있다.

부 등록 요건	사례
상품의 보통명칭	스낵제품 - Corn Chip, 과자 - 호두과자, 자동차 - Car
관용상표	과자류 - 깡, 청주 - 정종, 직물 - Tex
성질 표시적 상표 (산지, 품질, 원재료, 효능, 용도, 수량 등)	• 프리미엄, 골드, 맛좋은, 무농약 • 인삼 - 금산, 두부 - 콩

1.10 디자인권의 개념

디자인은 물품(물품의 부분 및 글자체 포함)의 형상, 모양, 색채 또는 이들의 결합으로서, 시각을 통해 미감을 일으키는 것을 의미하고, 디자인권은 물건의 외관에 대한 창작인 디자인을 보호객체로 하는 권리를 말한다. 또한 디자인권의 구성요소는 ① 물품성(독립거래 가능한 구체적인 유체동산), ② 형태성(공간을 점하고 있는 물품의 형태, 형상, 모양, 색채 또는 이들의 결합), ③ 시각성(육안으로 식별이 가능), ④ 심미성(미적인 것)이 있다. 따라서 형태를 갖추지 못한 불꽃놀이, 빛, 전기, 액체, 열 등은 등록될 수 없고, 어플리케이션(App)의 아이콘 자체는 보호되지 않지만, 핸드폰 액정화면에 표현된 상태로는 등록이 가능하다.

[디자인출원 시 첨부도면]
① 필수도면(필수적으로 첨부되는 도면 - 권리범위 포함)
• 입체 디자인(3차원): 사시도, 6면도(전, 후, 좌, 우, 상, 하)
• 평면 디자인(2차원): 표면도, 이면도
• 글자체 디자인: 지정글자 도면, 보기문장 도면, 대표글자 도면
② 부가도면(필수도면만으로 표현이 부족한 경우 첨부 - 권리범위 포함)
• 확대도, 단면도, 전개도, 분해도 등
③ 참고도면(이해를 돕기 위한 도면 - 권리범위 불 포함)
• 사용상태도 등

① 연역적 검색 방법 – 조사하려는 기술과 연관단어를 모두 기재/검색 후, 중요도가 낮은 연관 단어부터 하나씩 삭제(주변기술 → 핵심기술)

② 귀납적 검색 방법 – 중요도가 높은 연관 단어부터 기재/핵심기술 검색 후, 중요도가 낮은 연관 단어를 추가하면서 검색범위를 확대하여 주변기술 검색(핵심기술 → 주변기술)

연역적/귀납적 검색 방법

〈표 10〉 연역적 검색

연관 단어 모두 기재	1차 심화 검색	2차 심화 검색	선행기술 확인
아이템과 연관된 단어 모두 입력	중요도 낮은 단어 순서로 삭제	중요도 낮은 단어 순서로 삭제 후 검색	선행기술 확인 및 검증 · 비교

예) 볼펜: 볼펜＋볼펜심＋볼펜잉크＋볼펜심볼 → 볼펜심＋볼펜심볼 → 볼펜심볼

〈표 11〉 귀납적 검색

핵심 단어 위주 기재	1차 심화 검색	2차 심화 검색	선행기술 확인
아이템과 연관된 핵심 단어 위주 입력	중요도 높은 단어 순서로 입력	중요도 높은 단어 순서로 추가 입력/검색	선행기술 확인 및 검증 · 비교

예) 볼펜: 볼펜심 → 볼펜심＋볼펜심볼 → 볼펜심＋볼펜심볼＋볼펜잉크

지식재산권과 관련된 정부지원 사업은, 아이디어 창출을 지원하는 ① 창출지원 사업, 창출된 아이디어의 활용을 지원하는 ② 활용지원 사업, 분쟁에 따른 권리보호를 지원하는 ③ 보호지원 사업으로 구분되어 실시되고 있다.

〈표 1-11〉 단계별 정부지원 사업

지원분야	지원 사업명	
창출지원	• IP 디딤돌 프로그램 • 글로벌 IP 스타기업 육성 • 글로벌 기술혁신 IP 전략 개발 • 정부 R&D 특허전략지원 • 정부 R&D 특허동향조사 • IP 정보분야 창업지원 프로그램	• IP 나래 프로그램 • 지재권 연계 연구개발 전략지원 • 표준특허창출지원 • 정부 R&D 특허설계지원 • 생활발명코리아 • 지식재산데이터기프트제도
활용지원	• 지식재산(IP)활용전략 지원 • IP사업화 연계 평가 지원 • 우수발명품 우선구매추천제도 • 발명인터뷰 및 공공IP 활용지원 • 공공기관 보유특허 진단 지원	• 지식재산 거래 지원 • IP 금융 연계 평가 지원 • 지식재산서비스기업 해외시장 수요 창출 지원 • 제품단위 특허포트폴리오 구축지원 • 우수특허보유기업에 대한 벤처투자
보호지원	• 지재권 소송보험지원 • 해외 지식재산 센터(IP-DESK) 운영 • K-브랜드 보호기반 구축 • 국제지재권 분쟁 예방 컨설팅 지원 • 위조 상품 신고 포상금제도 운영	• 영업비밀 보호센터 운영 • 해외 지재권 분쟁 초동대응 지원 • 지재권 분쟁 공동대응 지원 • 산업재산권 분쟁조정제도

1.13 영업비밀 보호센터

특허청 산하기관으로서 지식재산권으로 보호받을 수 없는 영업비밀의 생성과 관리 및 입증업무를 수행하고, 기업의 영업비밀 보호와 관리활동을 지원한다.

〈표 1-12〉 영업비밀 유지 및 관리비용

구분		금액	비고
원본 증명 서비스	신규등록	10,000포인트/(건 · 1년)	신규 원본 등록 시 부과비용
	유지등록	3,000포인트/(건 · 1년)	원본 등록 후 유지기간 내 갱신비용
	할증유지등록	9,000포인트/(건 · 1년)	유지기간 만료 후 6개월 이내 갱신 시 비용
원본증명서 발급		30,000포인트/건	

〈표 1-13〉 산업재산권 대 영업비밀 차이점

구분	산업재산권	영업비밀
보호대상	발명, 자연법칙을 이용한 기술적 사상의 창작	비밀로 유지되는 기술 · 경영적 정보
보호요건	신규성, 진보성, 산업상 이용가능성	비공지성, 경제적 유용성, 비밀관리성
보호기간	특허등록 후 출원일로부터 20년	비밀로 유지 · 관리되는 경우 무기한
장점	• 독점적 · 배타적 권리 • 민 · 형사적 구제수단 동원 가능	• 기술내용에 대한 공개 없이 보호 가능 • 경영정보, 아이디어 등 넓은 보호 범위

1.14 공익변리사 특허상담센터

특허청 산하기관으로 소기업과 학생 및 군복무수행자를 포함한 사회적 약자의 산업재산권 창출과 권리보호를 위해 무료 변리서비스를 제공한다.

〈표 1-14〉 지원 대상자 및 내용

구분	지원내용	권리유형	지원 대상
서류작성 지원	명세서, 도면 등 출원 서류 작성	특허, 실용신안, 디자인	소기업, 학생, 군복무수행자, 독립유공자, 국가유공자, 5.18민주유공자, 특수임무유공자, 참전유공자, 고엽제후유증환자 및 2세 환자, 국민기초생활보장법의 수급권자, 차상위계층, 등록 장애인, 다문화가족, 한부모가족, 예비청년창업자, 청년창업자, 중위소득 125% 이하인 자
심판소송 지원	의견서, 보정서 등 중간서류 작성	특허, 실용신안, 디자인, 상표	서류작성 지원 대상 포함, 월수입 220만 원 이하 영세개인발명가, 대기업과 분쟁 중인 중기업

PART 7 캡스톤 디자인 수업 진행과정

CHAPTER 1 캡스톤 디자인 수업

1.1 학습 주차별 진행내용 예시

총 15주차의 기간 동안 산업체 수요(해결과제)를 확인 및 해결을 위한 팀 구성단계부터 최종 결과물 및 보고서 제출단계까지의 과정 중 학생과 교수자가 실행해야 할 과제와 내용을 주차별로 나열하였다.

〈표 1-1〉 학습 주차별 학습 내용

주차	학습 내용	수업 형태	비고
1	창업 캡스톤디자인 오리엔테이션 및 아이디어 발상과 창업기회 발견에 대한 이해	강의	교재 및 자료 활용
2	사업 아이템과 사업화 전략에 대한 이해	강의	교재 및 자료 활용
3	고객(사용자) 수요 확인 및 문제점 인식	팀별 멘토링	산업체 관계자
4	팀별 프로젝트 주제발표 및 기획서 제출	팀별 발표	개발기획서/ 지도교수 평가
5	팀별 업체 방문, 문제점 공감 및 사업타당성 분석, 시장조사	팀별 실습	산업현장 방문
6	팀별 아이디어 도출, 학습평가(1차)	팀별 멘토링	지도교수
7	팀별 아이디어 도출/심화, 학습평가(2차)	팀별 멘토링	지도교수
8	프로젝트 중간보고서 제출 및 중간결과 발표	팀별 발표	산업체 관계자 참석

9	팀별 프로토타입(Prototype) 제작, 학습평가(3차)	팀별 지도	지도교수
10	팀별 프로토타입 제작/심화, 학습평가(4차)	팀별 지도	지도교수
11	팀별 1차 테스트 진행	팀별 멘토링	지도교수
12	팀별 수정/보완 프로토타입(Prototype) 제작	팀별 멘토링	산업체 관계자
13	팀별 2차 테스트 진행	팀별 멘토링	산업체 관계자, 지도교수
14	팀별 프로젝트 결과물 최종 발표 및 가치 평가	발표/ 평가	산업체 관계자, 지도교수
15	팀별 프로젝트 결과물/최종보고서 제출 및 이관	팀별 제출	영상, 보고서, 목업 등

1.2 캡스톤 디자인 단계별 실습 내용 예시

디자인 씽킹 기반의 문제 인식 및 공감 단계부터 최종 프로토타입 (Prototype) 결과물 제출 및 성과 발표 단계까지의 과정 중 실습내용을 단계별로 나열하였다.

〈표 1-2〉 단계별 실습 내용

진행 단계	진행 방법	진행 내용
1단계	수업 주제/방식 설명	수업 주제/방식의 이해
	팀 구성	팀별 4~5명씩 그룹화(팀 구성)
2단계	팀워크 형성	팀원 간 아이스브레이킹(ice breaking)
	목표 이해 및 공감	팀 구성원의 팀 목표 이해 및 공감
3단계	팀 목표 선정	팀 목표 선정 및 달성 필요성 이해
	문제 정의	목표 달성을 위해 필요한 문제 도출 및 정의

	아이디어 도출	팀별 문제 해결을 위한 아이디어 도출
	아이디어 검증	아이디어 선정 및 진행계획서 작성 – 선행기술조사, 시장조사, 현장방문 및 관 계자 인터뷰 등
	아이디어 구현	프로토타입(Prototype) 제작 – 디자인 목업(Mockup), 이미지 보드 (image board) 제작 – 1차 모델링 도면 및 디자인 목업 제작
4단계	시놉시스(synopsis) 작성 및 팀별 중간발표	• 도출 아이디어 정리 및 PPT 발표자료 작성 • 중간발표 및 평가 – 교수자/외부 전문가 멘토링 및 피드백 – 팀별 상호평가 및 피드백
	피드백 반영/문제 해결	피드백(feedback) 문제 정의 및 개선안 도출 – 진행 목업 이미지 보드 제작 – 2차 모델링 도면 or 진행 목업 제작
	스토리보드(story board) 제작	최초 아이디어 발현 ~ 최종 아이디어 선정 과정을 스토리 보드로 제작
5단계	팀별 최종 성과 발표	최종발표 및 평가 – 교수자/외부 전문가 및 팀별 상호평가
	학습 공유	학습자료 및 내용 학습참여자 전체 공유
기타	성과물 산업체 이관	• 협업 or 공동개발 협의 • 지식재산권 출원 및 등록

1.3 캡스톤 디자인 교과목 운영(안) 예시

캡스톤 디자인 수업은 공학계열에 국한되지 않고, 인문/사회계열 및 예·체능계열에서도 진행이 가능하므로, 계열 및 학과 특성을 반영하여 유연하게 학습 운영안을 작성할 수 있다.

〈표 1-3〉 캡스톤 디자인 교과목 운영(안) 예시

수업 목표	1. 교육과정을 통해 기업 요구사항 해결 및 결과물의 공유와 사업화에 즉시 적용 가능한 실무지식과 경험을 체득할 수 있도록 한다. 2. 학문적 지식과 실무경험을 구비한 산학융합 인재 양성을 목표로 한다. 3. 대학 교육과정의 한계를 극복하고, 교육과정 중 구현한 아이디어와 결과물을 바탕으로 기업과의 협업 또는 사업화를 시도할 수 있도록 교육한다.
수강 대상	공학 및 인문/사회계열 재학생
수업 시간	주 2시간의 이론 및 실습을 진행하고, 교육 장소는 대학과 산업분야별 현장으로 한다.
진행 방식	1. 교과목 수강생들이 기업 수요를 확인하여 문제의 원인을 찾고, 문제 해결을 위한 아이디어 창출을 통해 결과물을 도출하여 문제를 해결한다. 2. 지도교수는 관련 분야 이론과 지식을 강의하고, 산업체 전문가를 섭외하여 교육과정에 참여시킴으로써, 이론과 현장경험의 조화를 도모한다. 3. 수강생을 대상으로 2인 이상의 팀을 구성하고, 팀별 아이디어를 도출하여 시제품을 제작한 뒤 가치평가를 통해 수정/개선하는 과정을 반복한다. 4. 교육과정 중 수시로 지도교수가 팀별 아이디어를 평가하고, 중간 및 최종 평가 단계에 산업체 전문가를 포함하여 결과물의 경쟁력을 평가한다. 5. 개발기획서, 중간보고서, 최종보고서 제출을 통해 팀별 평가를 진행하고, 팀원 간 상호 평가를 통해 역할분담에 따른 개인별 업적을 확인한다. 6. 수업은 학생들 스스로가 문제 해결을 위한 계획과 목표 및 과정을 수립/설계하고, 결과물의 가치 평가 및 수정/개선과정을 주도한다.
예산(안)	팀당(1과제) 총 1,500,000원 × 5팀 = 7,500,000원
평가 방식	1. 평가방식 - P/NP 2. 출석 - 20%(전자출결) 3. 과제(프로그램 기획서) - 10% 4. 팀 및 개인(팀원)별 평가 - 10% 6. 주차별 활동일지, 중간/최종보고서 - 60%
참고 사항	1. 본 수업을 통해 도출되는 결과물은 기존의 공학 및 예술 분야 캡스톤 디자인의 결과물과 달리 프로그램, 판매망 구축, 보고서, 영상, 등의 결과물일 수 있다. 2. 본 수업은 4차 산업혁명에 따른 직업의 변화추이에 따라, 대학생이 구비해야 할 창의적 사고와 문제 해결능력을 배양하는 교육모델이다. 3. 본 수업에서의 재료비는 시제품 제작, 실험 및 인증 위탁, 프로그램 개발 등을 위한 비용으로 사용될 수 있다. 4. 과제 수행 중 도출된 다양한 결과물과 수행 과정은 사진과 영상 등을 통해 기록되어야 한다.

PART 8 디자인 씽킹을 적용한 혁신 성공 사례

CHAPTER 1 혁신 사례

1.1 태양의 서커스(Cirque du Soleil) 사례

1.1.1 회사 개요

- 1984년 설립
- 2013년 기준 연 매출 1조 원(2013년 9억1000만 달러), 직원 수 4천 명
- 전 세계 300여 개 도시에서 약 2억 명 관람
- 2020년 코로나19로 인한 공연 중단으로 파산보호신청

공감하기 (Empathize)	• 일반적인 곡예 묘기 공연 • 일반 서커스단 패턴 공연 • 동물 공연 • 스타 광대 중심 공연	⇨	• 고객 감소 및 재정 적자 발생 • 진부한 공연 패턴 • 동물 학대 논란 • 타 서커스단과 차별화 미흡

⇩

문제 정의하기 (Define)	• 고객 감소 및 재정 적자 발생 • 진부한 공연 패턴 • 동물 학대 논란 • 타 서커스단과 차별화 미흡	⇨	• 새로운 공연 가치 창출 필요 • 획기적인 서비스 필요 • 목표 고객 확장 필요 • 비용 절감 전략 실행 필요

⇩

아이디어 내기 (Ideate)	• 새로운 공연 가치 창출 필요 • 획기적인 서비스 제공 필요 • 목표 고객 확장 필요 • 비용 절감 전략 실행 필요	⇨	• 목표 고객 재정의 • 시각적 볼거리 구비 • 세련된 무대 세트 구축 • 다양한 공연 테마 준비 • 예술적 음악과 무용 제공

⇩

시제품 만들기 (Prototype)	• 목표고객 재정의 • 시각적 볼거리 구비 • 세련된 무대 세트 구축 • 다양한 공연 테마 준비 • 예술적 음악과 무용 제공	⇨	• 연극/오페라 관람 성인고객 유인 • 재미와 모험의 공연 테마 • 복장/분장/무대 자체 수급 • 은퇴한 운동 국가대표 채용 • 동물공연 중단

⇩

테스트 해보기 (Test)	• 신규 성인고객 유인 • 재미와 모험의 공연 테마 • 복장/분장/무대 자체 수급 • 은퇴한 운동 국가대표 채용 • 동물 공연 중단	⇨	• 새로운 공연 가치 창출 • 전 세계 9개 투어쇼 진행 • 연간 약 1조 원의 매출액 달성 • 연극/오페라 관람 성인고객 유입 • 동물 학대 논란 차단

1.2 타겟(Target) 사례

1.2.1 회사 개요

- 미국 데이톤허드슨 기업(Dayton Hudson Corporation) 1개 사업부로 출발

- 2000년 타겟(Target Corporation)으로 회사명 변경

- 2005년 인도, 2011년 캐나다 진출

- 2020년 기준 매출액 936억 달러, 직원 수 36만 8천 명

공감하기 (Empathize)	• 특색 없는 콘크리트 매장 • 낮은 품질의 포장 상자 • 창고형 매장 및 제품 진열 • 저가제품 위주의 제품 구성	⇨	• 특색 없는 매장 구조 • 월마트(walmart)와의 차별화 미흡 • 매장 방문고객 감소 • 가격 경쟁에 따른 수익 감소

⇩

문제 정의하기 (Define)	• 특색 없는 매장 구조 • 경쟁기업과의 차별화 미흡 • 매장 방문고객 감소 • 가격 경쟁에 따른 수익 감소	⇨	• 새로운 매장 구조 구축 필요 • 고급화 전략 및 지역 주민과의 유대감 강화 필요 • 적정가격 중심 제품 구성 필요 • 고품질/자체상품 개발 필요

⇩

아이디어 내기 (Ideate)	• 새로운 매장 구조 구축 필요 • 고급화 전략 및 지역주민과의 유대감 강화 필요 • 적정가격 중심 제품 구성 필요 • 고품질/자체상품 개발 필요	⇨	• 백화점 느낌의 매장 구축 • 저가격/고품질 상품 전략 실행 • 중산층 고객의 목표고객 설정 • 지역주민 채용, 환경활동 강화 • 이커머스 플랫폼 강화
⇩			
시제품 만들기 (Prototype)	• 백화점 느낌의 매장 구축 • 저가격/고품질 상품 전략 실행 • 중산층 고객의 목표고객 설정 • 지역주민 채용, 환경활동 강화 • 이커머스 플랫폼 강화	⇨	• 스타벅스/스시바 매장 유치 • 레드(red) 색상 위주의 매장 내부 • 고급 패션잡지 내 광고 • 자체 브랜드(PB) 상품 출시 • 온라인 서비스 개발 및 관련 기업 인수
⇩			
테스트 해보기 (Test)	• 스타벅스/스시바 매장 유치 • 레드(red) 색상 위주의 매장 내부 • 고급 패션잡지 내 광고 • 자체 브랜드(PB) 상품 출시 • 온라인 서비스 개발 및 관련 기업 인수	⇨	• 2020년 기준 936억 달러 매출액, 영업이익 40.4% 증가 • 미국 내 1,900개 매장 운영 • 2020년 기준 직원 수 36만 8천 명 • 리바이스/디즈니 등과 파트너십 체결

1.3 애플(Apple) 사례

1.3.1 회사 개요

- 1976년 애플 컴퓨터(Apple Computer) 설립

- 2020년 기준 매출액 2745억 달러(한화 약 521조 원), 영업이익 662억 달러

- 2021년 기준 시가총액 2조 7,849억 달러

공감하기 (Empathize)	• 1996년 부도 및 매각 위기 • 시장점유율 3% 미만 • 윈도우즈95 vs 매킨토시 열세	⇨	• 마이크로소프트 윈도우즈 운영 체계 적용 컴퓨터 증가 • 제품라인 다양화 전략 실패 • 재고 누적 및 시장점유율 하락 • 1996년 2분기 적자 7억 달러

⇩

문제 정의하기
(Define)
	• 마이크로소프트 윈도우즈
	  운영체계 적용 컴퓨터 증가
	• 제품라인 다양화 전략 실패
	• 재고 누적 및 시장점유율 하락
	• 1996년 2분기 적자 7억 달러
		⇨	• 새로운 CEO 영입 필요
			• 독창적인 제품 출시 필요
			• 참신한 컴퓨터 케이스 디자인
			  필요
			• 인재중심 경영/CEO 리더십 필요

⇩

아이디어 내기
(Ideate)
	• 새로운 CEO 영입 필요
	• 독창적인 제품 출시 필요
	• 참신한 컴퓨터 케이스 디자인
	  필요
	• 인재 중심 경영/CEO 리더십
	  필요
		⇨	• 스티브 잡스 임시CEO로 영입
			• 디자이너 조너선 아이브 발굴
			• 일체형 디자인/편리한 사용법
			  PC 개발
			• 역량 중심의 인재 채용

⇩

시제품 만들기
(Prototype)
	• 스티브 잡스 임시CEO로 영입
	• 디자이너 조너선 아이브 발굴
	• 일체형 디자인/편리한 사용
	  법 PC 개발
	• 역량 중심의 인재 채용
		⇨	• 홈컴퓨터 아이맥(iMac) G3 출시
			• 노트북 아이북(iBook) 출시
			• 파워북(PowerBook) 출시
			• 아이팟(디지털 오디오 플레이
			  어), 아이튠즈 프로그램 출시

⇩

테스트 해보기
(Test)
	• 홈컴퓨터 아이맥(iMac) G3
	  출시
	• 노트북 아이북(iBook) 출시
	• 파워북(PowerBook) 출시
	• 아이팟(디지털 오디오 플레
	  이어), 아이튠즈 프로그램
	  출시
		⇨	• 2020년 매출액 2,745억 달러/
			  영업이익 662억 달러
			• 2020년 기준 직원수 147,000명

1.4 싱가포르 창이(Changi) 공항 사례

1.4.1 공항 개요

- 1981년 개항
- 2017년 기준 연간 승객 6,200만 명, 화물 19만 톤 운송실적 달성

공감하기 (Empathize)	창이공항 이용자들에게 만족스러운 경험과 더 나은 서비스 제공

⇩

문제 정의하기 (Define)	창이공항 이용자들의 방문 목적에 따라 만족도 상이

⇩

아이디어 내기 (Ideate)	사용자 인터뷰 및 현장 관찰을 통해 공항 방문 목적별 고객 분류

⇩

시제품 만들기 (Prototype)	공항 서비스 어플리케이션 프로그램(iChangi)을 통해, 주요 목표 고객을 비즈니스 목적 외국 여행객, 관광 목적 현지인, 쇼핑과 외식 목적 방문객으로 선정

⇩

테스트 해보기 (Test)	디지털 기술을 활용한 고객 중심의 미래 공항 모습의 제4 터미널 오픈 - 싱가포르 대표 전통문화를 경험할 수 있는 헤리티지 존 설치 - 싱가포르 헤리티지를 그리는 벽화 아티스트 'Yip Yew Chong'의 37m 길이 벽화 설치 - 출발 게이트로 향하는 미끄럼틀, 그물 놀이터, 타이거 비어 라운지 등 설치 - 11미터 높이의 벽에 약 2000여 개의 틴 케이스로 쇼핑 리스트 TWG 플래그십 리테일 부티크 부착

〈그림 1-1〉 싱가포르 창이공항 4터미널 이미지

※ 출처 – 한–아세안센터 블로그(blog.naver.com/akcsns)

1.5 OCBC(Oversea-Chinese Banking Corporation) 은행 사례

1.5.1 은행 개요

- 1932년 3개의 지방은행 합병으로 설립
- 2020년 기준 총자산 521,395 싱가포르 달러

공감하기 (Empathize)	고객 만족도 향상 및 투자/보험 상품 판매액 확대

⇩

문제 정의하기 (Define)	은행 서비스 가입의 어려움, 은행상품에 대한 젊은 고객의 낮은 관심도

⇩

아이디어 내기 (Ideate)	• 일반인이 이해하기 어려운 금융 전문 용어 개선 • 고객 관점에서 은행서비스 가입/이용 절차 개선 • 젊은 고객의 소비심리 이해 및 맞춤형 상품 개발

	⇩
시제품 만들기 (Prototype)	• 은행 상품 '프랭크' 출시 – 한 계좌 안에 다양한 목적의 여러 '저금통(saving jars)'을 만들 수 있는 기능 도입 – 대학과 쇼핑몰 등에 '프랭크 스토어' 설치 및 무의식적 접근 유도 • 100가지 이상의 카드 디자인 제작 및 선택 권유
	⇩
테스트 해보기 (Test)	• 2018년 기준 고객 만족 지표 금융계 1위 달성 • 2018년 기준 투자 및 보험 상품 8배 수익 달성 • '프랭크' 출시 후 밀레니얼 세대 고객 점유율 70% 이상 상승

〈그림 1-2〉 OCBC 은행 오프라인 점포 이미지

※ 출처 - 한경경제(2018.10.11. 16)

참고 문헌

시대환경 변화에 따른 기업 인재상의 변화 – 잡코리아(2020), 네이버 블로그 (rhddkwn)

컬러 마케팅 사례 – 서울신문(2020.11.23.), 네이버 블로그(mydas888)

정주영의 기업가정신 – 현대중공업 광고 포스터(2017)

시장의 개념 : 교역의 장소, 관념적 시장 – 네이버 블로그(yh9810018, ansrlwodnjs)

시장의 분류 –집하/중개시장, 5일장/산매시장 – 이데일리(2021.1.12), 다음 블로그 (geoje1)

브레인스토밍 사례 – 병원신문(2018년)

브레인라이팅 기법 사례 – 기쁨해 능력개발원

스캠퍼기법 사례 : 응용하기, 제거하기, 대체하기, 결합하기 – 에듀넷티

강제결합법 사례 – dispatch

PMI 기법 적용 예시 – 경인교대 교육실습협력학교(2019), 영진전문대 컴퓨터정보 (2017)

만다라트 기법 적용 예시 – 네이버 블로그(worldgasu), 스포츠 닛폰

역발상 사례 : 새가 먹은 사과, 곰이 좋아하는 꿀 – 티스토리(angtalbadung) 네이버 블로그(yn6299)

불편함 개선 사례 – 머니투데이(2017), 네이버 블로그(amtjssu)

용도 이외 사용 사례 – 다음 블로그(djtjfvmstlaaksl), 네이버 블로그(wkfskscjsu)

역발상 사례 – 다음 블로그(happyprince10/12797279)

트리즈 기법 사례 : 다용도(6번) 및 비대칭(4번) 적용 예시 – 네이버 블로그 (ucar_blog), (kangsul0_0)

트리즈 기법 사례 : 용도변경 및 제거 적용 예시 – 네이버 블로그(ucar_blog), (kangsul0_0)

싱가포르 창이공항 4터미널 이미지 – 한–아세안센터 블로그(blog.naver.com/akcsns)

OCBC 은행 오프라인 점포 이미지 – 한경경제(2018.10.11. 16)

김진홍

기업가정신과 창업을 전공한 경영학 박사로, 명지전문대학 산학협력처 교수로 재직 중이다. ㈜충영 이사, ㈜에스알라이프앤글로벌 및 ㈜MSJ테크 대표이사를 역임하였고, ㈜휴럼 이사 및 영동올갱이협동조합 이사를 겸직하면서 500만원 창업연구소 대표로 재직 중이다. 국가R&D참여인력정보서비스 등록 과학기술인이며, 소자본, 아이디어, 정부지원사업 기반의 창업 전문가로서 서울산업진흥원 창업 멘토로 활동하였고, 중소기업기술정보진흥원과 고양지식정보산업진흥원 및 한국데이터산업진흥원 평가위원, 중소벤처기업부 비즈니스지원단 및 (재)경기테크노파크 전문위원으로 활동하고 있다.

한국벤처창업학회 이사와 한국경영교육학회 및 글로벌경영학회 정회원으로, 기업가정신과 창업에 관한 다수의 논문을 발표하였고, 기업가정신과 창업 전문서적 [새로운 창업을 위한 굿 아이디어 창업], [소자본 창업자를 위한 아이디어 개발과 특허출원], [틈새시장을 파고드는 55가지 사업아이템], [기업가정신2.0:창업의기술]을 출간하였다.

비전기식 요구르트 발효기의 공동개발자로 창업 및 사업화스토리가 한국경제신문과 서울시 홈페이지 등에 소개되었고, 중소기업진흥공단 창업논문공모에서 수상하였다. 31건의 지식재산권 출원과 7건의 선행기술조사를 통해 아이디어에 기초한 제품개발을 진행하고 있으며, 예비 창업자와 초기 사업자를 대상으로 소자본, 아이디어, 정부지원사업 기반의 창업과 사업화 및 지식재산권 실무를 컨설팅하고 있다.

디자인 씽킹을 활용한 캡스톤디자인 수업의 이해

초판발행	2022년 3월 21일
지은이	김진홍
펴낸이	안종만·안상준
편 집	정수정
기획/마케팅	정성혁
표지디자인	이영경
제 작	고철민·조영환
펴낸곳	㈜ **박영시**
	서울특별시 금천구 가산디지털2로 53, 210호(가산동, 한라시그마밸리)
	등록 1959. 3. 11. 제300-1959-1호(倫)
전 화	02)733-6771
f a x	02)736-4818
e-mail	pys@pybook.co.kr
homepage	www.pybook.co.kr
ISBN	979-11-303-1481-5 93320

정 가   12,000원